サイゼリヤ
おいしいから売れるのではない
売れているのがおいしい料理だ

正垣泰彦

nbb
日経ビジネス人文庫

はじめに

フードサービス業に携わってから40年以上が過ぎた。

学生時代、アルバイトばかりしていたが、最後にしたのが飲食店の皿洗い。そのときの仲間に「おまえと一緒に働きたいから、ぜひ店を開いてくれ」とおだてられて始めたのが、千葉で開店した「サイゼリヤ」だった。

最初の店は、青果店の2階で人目につきにくい場所にあった。それでも「お客さんなんて簡単に来るものだ」と高をくくっていたら、これが全く来ない。

深夜まで開ければ集客できるだろうと営業時間を朝4時まで延ばしても、地元のならず者のたまり場になっただけ。しまいには客同士のけんかで石油ストーブが倒れ、店が燃えてしまった。開店からたった7カ月後のことだ。余談ではあるが、この火事のとき、お客様と従業員を避難させるために最後まで店に残った私は、気がついたときには煙に巻かれていた。どうにか勝手口までたどり着いて脱出できたものの、あの時、死んでいてもおかしくはなかったと思う。

千葉県市川市にあるサイゼリヤ1号店。現在は閉店し、悪立地でも繁盛店は作れることを従業員に示すために、地元の中小企業経営者有志がセミナールームとして使用している

お客様は来ない、来るのはならず者だけ。挙げ句の果てに火事にまで遭う。もう店をやめようと真剣に思った時期もあったし、店を再開するなら、どこか別の場所でと思っていた。ところが、母に「あの場所（＝火事に遭った店）はお前にとって最高の場所だから、もう一度、同じ所で頑張りなさい」と言われ、同じ場所で店を再開することに決めた。お客様が来ないことを立地のせいにしないで、お客様が来てくれるようにひたむきに努力することが最高の経験になると、母は教えてくれた。

もっとも、ようやく店は再開したものの、やはりお客様は来なかった。商品に値打ちがあれば、場所が悪くてもお客様は入るは

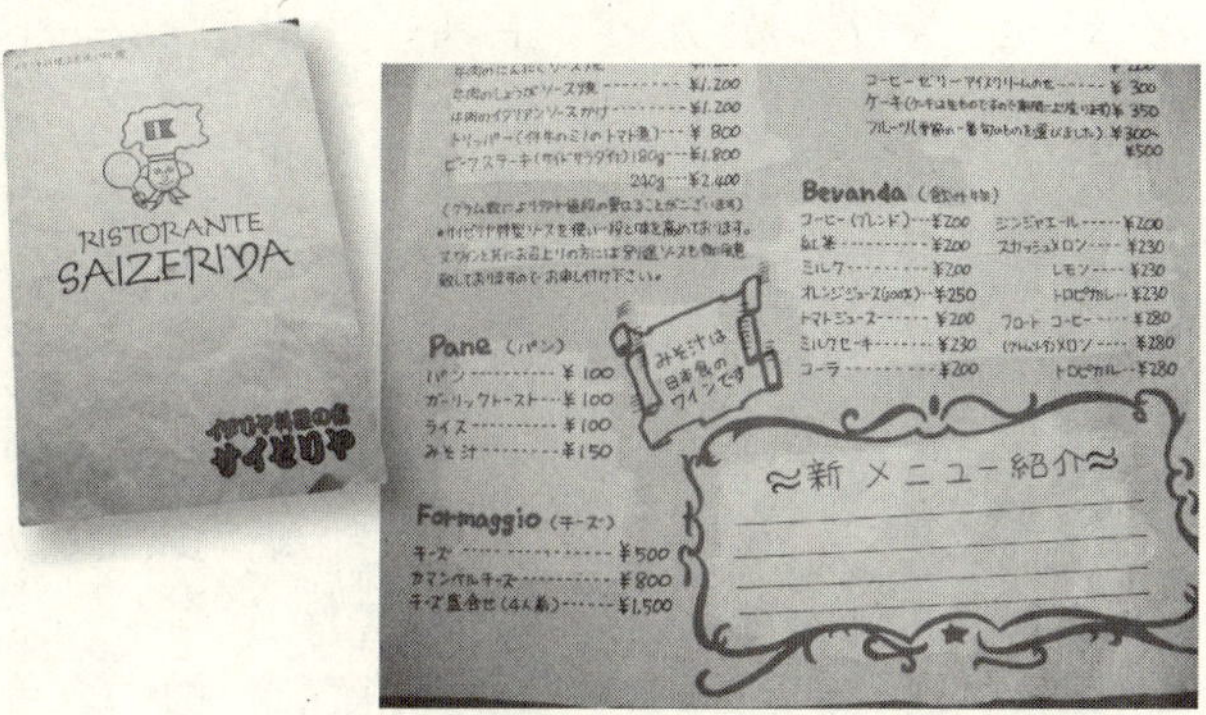

創業期のメニューブック。当時は味噌汁もメニューの1つだった

ず。といっても、値打ちの出し方が分からないから、とりあえずメニューの価格を5割引きにした。それでも来ないから最終的には7割引きにまで引き下げた。スパゲティの価格帯は150〜200円になった。

すると、青果店のキャベツや玉ねぎの山を越えて、ずらっとお客様が並んだ。客数が1日20人から一挙に600〜800人まで増えた。店舗面積は17坪・38席だったので20回転にもなった。とても1店ではお客様をさばけなくなり、市内に4、5店出してお客様には最寄りのお店に行っていただくことにした。それがサイゼリヤの多店舗化の始まりだった。

この頃、私は経営に関わる本をむさぼる

よう読んでいた。創業以来の苦楽を共にした仲間たちに十分な給料を払ってやれていなかったし、これから雇うであろう社員たちにも今のままでは、十分な給料を払えない。ご存じの通り、飲食業で働く人たちの賃金は他産業より低い。だから、40代、50代までなかなか働けない。

どうにか給与水準を自動車産業など他産業並みにしたい。社員たちに定年退職まで十分な給料を支払いたい——。それが私の最優先の課題だった。だから、どうすれば十分な利益を確保できるのか懸命に考えた。

一方の売り上げは客数×客単価。お客様のことを考えると、客単価は上げられない。ならば、客数を増やすしかなかった。もっと多くのお客様に喜んでもらえるように客数を今の1000倍にしよう、だから店を1000店作ろうと考えた。夢のような話だったが、現在、店舗数は国内860店、中国を中心に海外に約80店を展開している。目標としていた1000店は遠からず達成できると信じている。賃金の水準も少なくとも業界では最高レベルになったと自負している。

この本は、そんな私が引き受けた『日経レストラン』の連載をまとめたものだ。これまでの40年間の経験で学んできたことを、外食業界の皆さんにお伝えし、少しでも

創業期から生産性に着目してきた
（写真右が筆者）

役立てていただければという気持ちで続けてきた。外食業界も、多くのチェーン店があり、寡占化が進んでいるように見えるかもしれないが、それは違う。和食でも洋食でも中国料理でも、売れる料理さえ選べば、私のように1000店のチェーンを目指すことも可能な魅力のある市場だ。一方で、規模の拡大を目指さず、1店舗でシェフがこだわりの料理を提供する店にも十分なチャンスがある。なぜなら食事をするときに、たくさんの選択肢があるということ自体が、「豊かさ」だからだ。人間はずっと社会を豊かにしようとしてきたし、これからもそうあり続ける。だから、飲食店も多様化し、細分化していくはずだ。

ただし、「自分の店の料理はうまい」と思ってはいけない。それこそが悲劇の始まりだと私は思っている。なぜなら、「自分の店の料理はうまい」と思ってしまったら、「売れないのはお客が悪い。景気が悪い」と考えるしかなくなってしまうからだ。商売とは、お客様に喜ばれるという形で社会に貢献し続けることなのに、そんなふうに考えてしまったら、もう改善を進められなくなってしまう。

別の言い方をすると、「良いモノは売れる……」という考え方は、地球の周りを太陽や惑星が回っているという昔の世界観「天動説」と同じだ。自分たちにとって都合良く世界を見ようとするのではなく、物事をありのままに見ようと、我々は努力しなければならない。科学は実験を通して、自分の仮説（思い込み）が間違っていることを教えてくれる。自分中心に物事を考える「天動説」の対極にあるものだ。

もっとも、世の中で起きているあらゆることは実際のところ、よく分からないのも事実だ。ただ、はっきりしていることは形があるものも、ないものも変化を続けているということだ。量子力学によれば、すべての物質は「調和」した状態にあるが、同時に新たな「調和」に向かって変化している。つまり、万物はより良い状態に向かって、永遠に変化をし続けているのだ。だから、我々もより良い状態を目指し続けなければならない。

本書のタイトル『おいしいから売れるのではない　売れているのがおいしい料理だ』には、目の前の現実を謙虚に受け入れて、本当にお客様が満足されることは何かを見極めようという私の思いを込めている。かけがえのない人生の中で、商売を通して社会に貢献し、仲間と楽しく仕事をしていきたいと思っているすべてのビジネスパーソンに、この本が少しでも役立ってくれれば、これ以上の喜びはない。

２０１１年６月　正垣泰彦

文庫版まえがき

サイゼリヤの創業理念は、私が40年前に欧州を視察し、そこで見たイタリアの人たちが楽しんでいた食の豊かさに原点がある。食べていると幸せになれる本場のおいしい料理を、お値打ちな価格で提供し、日本に広めたいということだ。

そして、その理念に基づいて、あらゆることを考えてきた。すると、自然にその考えに沿った意思決定ができるから不思議なものだ。

しかし、日々の仕事に忙しく、私たちは創業の原点を忘れがちだ。では、どんなときに、それを思い出すのかといえば、「もうダメだ……」と絶望するくらいのピンチが訪れたときだ。

今から20年ほど前、サイゼリヤはあるテレビ番組で1時間にわたって紹介され、それをきっかけに各店の客数は一気に2~3倍に増えたことがある。ありがたい話ではあるのだが、客数の急増に現場が付いていけず、1時間近くお客様を待たせてしまうなど多大なご迷惑をおかけした。案の定、ブームが一巡すると、客数はブーム以前と比べて、2〜3割も減るという店が相次いだ。既存のお客様が離れてしまったわけだ。ちょうど、大量出店を目指し、大卒の新入社員を大量採用し始めたタイミングだったので、客数減は業績を直撃した。

信頼回復に向けて、私は創業理念に基づき、本物を感じさせる高級感があり、かつ値段も安いという視点で、メニューを大幅に入れ替えた。例えば、日本ではあまり知られていなかった「プロシュート」や「ペペロンチーノ」といった料理を投入することで、本場の食材を使うイタリア料理店であることを、あらためて示したわけだ。しばらくすると、離れていたお客様は戻り、テレビ放映の前より、客数は3割ほど増えていた。

創業の理念に立ち返ることで、ブレずに正しい経営判断ができたのだと思っている。

本書は2011年7月に日経BP社から刊行した単行本『おいしいから売れるのではない　売れているのがおいしい料理だ』に収録されなかった『日経レストラン』連

載「土壇場の経営学」11回分を加えて増補し、文庫化したものである。
このたびの文庫化によって、また新しい読者に出会えれば幸いである。

2016年7月　著者

目次

第1章

「客数増」がすべて

お客様本位のものの見方とは

給料を削ってでも核商品を作れ

不況下で、大切なのは売り上げの確保ではなく、無駄を無くすことだ。周囲の店が値下げに走っているから、売り上げが欲しいからといって安易な値下げによる販促をすべきではない。競合店は次々にできるのだから、ある意味、既存店の売り上げが落ちるのは当たり前と考えた方がいい。

だからサイゼリヤは、店長に売り上げ目標を課していない。店長の仕事は人件費、水道光熱費など経費をコントロールすることだ。店の売り上げは「立地」「商品」「店舗面積」で決まる。売り上げが悪くなるとすれば、商品開発をする本社の責任で、店長のせいではないからだ。

それに「売り上げを何とかしろ」と店長に言えば、販促にお金を使うしかなくなってしまう。私は広告宣伝や販促をしたことはないが、仮にそれらを実行して一時的にお客様が増えても、急な客数増による慣れない仕事で現場が疲れるだけだ。やみくもに販促をしたり、安易なひらめきでアイデア商品を投入したりする店もあるが、短期的には売り上げが増えても、生産性を下げ、長期的には店の力を弱くしてしまうだろう。

ほとんどの人は売り上げが増えれば、利益も増えると思っているが、それは違う。利益は「売り上げ」－「経費」。**売り上げが増えなくても、無駄を無くして、経費を削れば利益は増える。経営者は日頃から、売り上げが減っても利益が増える店を目指すべきで、売り上げが減って利益が出ないから困るというのは、今まで無駄なことをたくさんしていたというのに等しい。**

もっとも、景気が良いときは、その無駄に気が付かないから、不況はそれを見直すチャンスと捉えるべきだろう。そうすれば、景気が回復してお客様が戻ってきてくださったときに、すごい利益を上げられるようになる。これは客単価や商圏を問わず、どんなタイプの飲食店でも同じことだ。

では、どうすれば無駄を無くせるか？

一番効果があるのは、何かを改善しようと考えるのではなく、今までやっていたこ

とをやめることだ。

飲食店ならメニュー数を絞ることが一番無駄を減らせる。同時に、自分の店にしか出せないぞ、という強いメニューを作ることだ。商品を絞り込んで徹底的にこだわるからこそ、値打ちのある料理を提供できる。

「ライバル店が提供しているから」とメニュー数を絞れないでいる店は多い。しかし、大切なのはウチはこれで勝負するという主張だ。メニュー数が増えると、勝負したい商品作りに集中できないから、強いメニューを生み出しにくいし、お客様へのアピールも弱まってしまう。

つまり商品数を絞るからこそ、お客様にお値打ち感を伝えやすい。まずは、来店客の2～3割が食べてくれる「核商品」を作り、それを磨き続けることだ。サイゼリヤであれば299円の「ミラノ風ドリア」などが、それに当たる。

絞り込んでメニューを提供すると食材ロスが減り、作業効率も良くなる。無駄を省くので、利益もドンドン出る。そうなってきたら利益の一部は、お客様に還元すべきだから、値下げをする。すると、さらにお客様に喜ばれて、来店客数も増える。つまり、無駄をそぎ落とすことで、お値打ちな商品になるから、お客様に喜ばれて売り上げも最終的に増えるのであって、初めに安売りありきではないのだ。逆に、価格が安くても価値を伴わない商品は、一時的に注目されることはあっても長続きはしない。

なお、個人経営・中小の店には「核商品」をゼロから作るとっておきの方法があるので紹介しよう。これは私も経験したことなのだが、店主が自分の給料を削ってお客様に還元するというものだ。

店主の給料を削って、その分だけ、原価を上げる。私自身創業当初は、給料をほとんどもらっていなかったし、食事は店の残り物で済ませていたが、おかげで行列が絶えることのない人気店になった。私が仲間たちと創業した40年前より、今の方がお客様は安くて価値のある料理に敏感だ。今でも十分通用する手法だと思っている。当時、私は独身だったが、結婚していても同じことをやれたと思う。家族にも働いて稼いでもらえば、自分の給料が無くてもやっていけるはずだ。自店でしか出せない料理「核商品」を作るには、そのくらいの覚悟が必要だ。

求められる「おいしさ」は店によって違う

「うまくもない料理を出す店が、何であんなにはやるんだ」――。評判の店を視察した後に、そんな疑問を口にする経営者は少なくない。しかし、こうした発想は間違っている。

なぜなら、お客様にとっての料理の「おいしい」「まずい」は料理の味付けや素材で単純に決まるものではないからだ。そのことに気が付いている経営者は意外なほど少ない。

お客様がその店の料理をおいしいと感じて、また店に来てくれるかどうかは、料理の品質と店の用途が合っているかどうかで決まる。用途に合っている料理を食べたときにお客様は「おいしい」と感じ、合っていないときに「まずい」と感じているのだ。

そう考えると、「味付けが濃厚でコクはあるけど、味にキレがない」などと、ライバル店の料理を批評したところで、あまり意味がないことが分かる。

つまり、味だけ論じることには何の意味もない。

もしも、視察した店の料理をおいしくないと感じたのに、その店がはやっているとしたら、その店のお客様にとっては用途が合っているから、その店の料理をおいしいと感じていると考えるべきだ。また、あなたが自分の店で提供する料理に自信があるのに、お客様の数が少ないと悩んでいるのなら、店で提供する料理とお客様の店を利用する用途がズレている可能性が高い。

用途とは空腹を満たしたい、ハレの日は豪華なディナーで祝いたい、美味しい魚を食べたい、ワイン好きの友人と珍しいワインを飲みたいなどTPOS（Time＝時間、Place＝場所、Occasion＝場合、Style＝カジュアルやフォーマルなどのスタイル）で分けられる。その用途によって、求められているものも当然、違うわけだ。

例えば、サイゼリヤは毎日でも食べられる日常食を提供する店だから、素材本来の味を生かすことが重要で余計な味付けは不要だ。そうすることで、毎日のように食べてもおいしいと感じられる。

一方、半年に1度、1年に1度くらいの頻度でハレの日に利用されるレストランの場合、料理人が食材に手を加えることで複雑な味になった料理が、お客様に提供される。こうした店では、1年に1度とかたまに食べてもらうのを前提にした味付けをしているので、味付けが濃くなっている。日常で使われる店より価格も高いが、お客様もそのおいしさに納得している。

とりあえず提供価格のことは無視して、前者と後者の料理を取り換えて、それぞれの店で出したら、どうなるか考えてみよう。頻繁に食べる食事としては、ハレの日に利用されるレストランの料理の味は濃すぎるから、お客様の足はサイゼリヤから遠のくだろう。逆に、サイゼリヤの料理は味付けがシンプルだから、料理人の作り出す複雑な味を想定したお客様の期待を裏切ることになる。

このように、それぞれの店でお客様が「おいしい」と感じる料理も、用途が違う店で出すと、お客様に喜んではもらえない。求められている料理の「味」は店によって実は異なる。

だから危険なのは、不況対策として、料理の質を下げてまで値下げをすることだ。来店したお客様が期待した用途の店でなくなってしまうとお客様の期待を裏切り、深刻な客離れを招くだろう。そんなことをするくらいなら、得意分野の商品に絞り込むことで無駄をなくしながら、どんな時に利用してほしい店なのかを明確にすべきだ。

ところで、用途によるすみ分けは流通業で顕著だ。例えば、デパートとGMS（総合スーパー）は服、下着、靴など同じものを売っているが、扱うブランド（価格・品質）が違う。それが用途を分けている。めったに使わない高級品は「デパート」。日常生活に必要なものは「GMS」。よく使うものをまとめて安くは「ディスカウントストア」。使い捨てのものは「100円ショップ」といった具合だ。

かつて街中にあった魚屋や八百屋がなくなり、GMSに取って代わられたのも、生産者の都合で店を縦割りにされるより、日常生活に必要なものはココといった形で用途に応じて作られた店を利用する方が便利だからだ。世の中が豊かになればなるほど、消費者は用途で店を選ぶ。それは飲食店も同じで、今後も用途は多様化し、細分化していくだろう。

ちなみにサイゼリヤでは、既存のファミリーレストラン「サイゼリヤ」よりも低価格帯を狙った新業態の検討を続けている。将来、既存店の周辺に出店していくが、お互いのお客様を奪い合うようなことにはならないはずだ。なぜなら、既存の店と新業態の店は、用途が違うためだ。「サイゼリヤ」は、仲間や家族と食事を楽しむ場所。

新業態はファストフードで、さっと食事を済ませたい人のためのものを目指している。

消費者が用途に合わせて店を使い分ける例の1つが、イタリアの「バール（カフェに近い業態）」。店内にテーブル席と立食の2つのスペースがあり、座って食べるより、同じ料理でも立って食べる方が安く済ませられる。それならみんな立って食事をしそうなものだが、ちゃんと座って食べるお客様もいて、1つの店のなかでさえ、2つの用途が共存できている。

特定の用途で選ばれる店になることで、それに合わないお客様の来店頻度は低くなるかもしれないが、今までより多くのお客様に来てもらえるはずだ。

現在、飲食店は完全にオーバーストアの状態にある。**世の中が豊かになっていく中で飲食店は増えすぎた。選択肢が増えれば、当然、消費者は用途別に飲食店を選ぶ。それが消費者にとって都合が良く、豊かさを実感できるからだ。**

だから特定の用途に特化した飲食店を目指すべきだし、今後、そうした店が増えていくだろう。それは21世紀の飲食店のあるべき姿だと思っている。

物事をありのままに見る方法

何かの改善に取り組んだとき、それが成功するのは正しい行動を取ったからだ。私はそれを物事の「原理原則」に沿って行動した結果だと考えている。

例えば、チェーンストア理論は、外食チェーンにとって多店舗化するための「原理原則」といえるだろう。しかし、この「原理原則」通りに経営するというのが非常に難しい。

なぜなら、人間は何かを考えるとき、先例や成功体験を前提に自分にとって都合の良い、あるいは得をするような結論（経営判断）を導き出してしまいがちだからだ。

例えば、店の料理を出数順に並べて、一番人気のある料理は「おいしいから売れている」と考えがちだ。そこから、この売れている料理は競争力があるのだから、もっと売るために販促をやろう、という経営判断を下すかもしれない。しかし、これは自分が店を切り盛りしてきた経験だけから導き出した一方的な結論にすぎない。

仮に、同じ料理が近所の繁盛店では、何倍も売れているとしよう。

その場合、自店の人気メニューは魅力があるから売れているのではなく、他の料理よりはましだからという理由で、お客様はやむを得ず、その料理を頼んでいるだけかもしれない。当然、看板メニューの販促は失敗するだろうし、料理の質を高める努力こそ優先すべきなのは言うまでもないだろう。

このケースの問題点は、自分の店の料理は美味しいという自分にとって都合の良い結論を無意識のうちに導き出してしまっていることだ。だから近所の繁盛店の動向を確認することに考えが至らない。

自分本位に物事を考えてはならない――。

世間でずっと言われていることだが、そうした失敗がなくなることは決してないだろう。ただし、「物事をありのままに見る」ことで、私の言葉でいうところの「原理原則」を知り、正しい経営判断ができる可能性を高めることはできる。

そのためには、店で起きるあらゆる現象を観察し、可能な限り、数値や客観的なデータに置き換えて、因果関係を考えることだ。

その一環として、私は創業期から、お客様が喜んでくれているかどうかを「客数」という数値に置き換えて考えてきた。店が気に入れば再来店してくれるはずだからで、抽象的に「顧客満足度を高めよう」などと言うより、はるかに客観的に検証できる。何らかの試みで客数が増えれば、それはお客様に喜んでもらえる正しい行動だと考えて継続する。一方、客数が下がれば、間違った行動だったと認め、それをやめれば良いわけだ。

こうした考え方を前提にPDCA（計画→実行→検証→見直し）のサイクルを回し続けることが、勘に頼らない科学的な経営をするということだ。もっとも、どんなに考えても、間違えることはいくらでもある。

その際、心構えとして大切なのは、自分の店の料理、サービスなどはまだまだ大したことがないと自戒し続けること。そうすれば、何が問題なのかを探るときに「立地が悪い」とか、「景気が悪い」とか、外的要因のせいにしてしまって、判断を誤るケースは減るはずだ。

不思議なもので、大ピンチになったときのほうが、正しい経営判断ができる経営者は多い。これは、切羽詰まって何かを他人のせいにする余裕がなくなり、自分の問題としていろいろな事象を見られるようになるからだろう。

なお、何らかの事象を観察するときは「なぜ、そうしたことが起きているのか？」と考えるだけでなく、「なぜ自分はそう思うのか？」と何回も自問すること。そうすることで、「売れないのは立地が悪い」→「自分は売り上げ不振を立地のせいにしていないか？」→「悪立地でも繁盛している同規模の店を調べてみよう」、という行動につながり、正しい経営判断を導けるようになる。

こういう考え方を習慣にすると、見えなかったことが見えてくる。例えば、商品開発。

まず、あなたの店の料理名を縦に順に書き出し、それぞれの使用食材を料理名の横に書き出してみよう。当社の「ミラノ風ドリア」なら米、牛乳、バター……となる。すべてのメニューを書き出してみると、ほとんどのお客様が食べている食材が分かるはずだ。それはタマゴや玉ねぎ、あるいは、水や米といったものかもしれない。

ほとんどの人はメニューそれぞれをもっと売るにはどうするか、という視点から考える。しかし、どんな食材をお客様が口に入れているのか、というデータに変換してみると、店の料理をもっと売るには、最もお客様に食べられている食材から順番に品質を良くしていく方が効果的かもしれない、という仮説に気づく。

客観的な事実に基づき、仮説を立てて、実行し、検証する。これはサイエンス（科学）の手法そのものだ。自分の無知を知り、事実の前に謙虚でなければいけないのは科学者も飲食店経営者も同じである。

お客様に安心感を与える値付けとは

最近、全メニュー300円前後という均一価格をウリにする居酒屋が増えている。何を頼んでも料金が同じという安心感が、消費者に支持されているのだろう。

確かに、いくら掛かるか分からないという状態は、消費者に強いストレスを与える。しかし、こうした苦痛は、商品の値付けを工夫することで取り除ける。

ポイントは商品間の価格差を広げすぎないことだ。

具体的には、「パスタ」「ピザ」「ドリア」など料理のカテゴリー(品種)ごとに、一番安い価格の料理と一番高い料理の価格の差を2倍以内に収める。「サイゼリヤ」でもパスタで一番安い「ペペロンチーノ」は299円。一番高いパスタでも499円で数種類と、価格差は2倍以内に抑えている。

価格差を2倍以内にとどめておくと、どれを頼んでも無茶な金額にはならないという印象をお客様に与えられる。だから、お客様は安心して料理を選ぶことができる。なお、各メニューカテゴリーの下限となる価格をいくらにすべきかは、日常食か、ハレの日の豪華なディナーなのかといった店の使い道（用途）によって異なる。あなたの店の周辺にある同業態で、用途が同じ繁盛店の価格を調べて参考にすべきだろう。

ちなみに、消費者がストレスを感じずに払える金額は朝昼夜で異なる。比率は朝昼夜の順で1：2：4。普段の昼食に500円使う人は、夕食は1000円まで、朝食は250円までならストレスを感じずにお金を払えるという傾向にあるわけだ。

流通業界の「ストアコンパリゾン（競合店視察）」をしていると、スーパーがこうした価格設定を実践していることに気が付く。例えば、牛乳でも豆腐でも大抵のものは、それぞれ一番高価な商品と安価な商品の価格差が、2倍以内に収まっている。最初から意識していたのではなく、売れない商品を撤去し、売れそうな新商品を投入することを繰り返すうちに、価格差が2倍以内へと収れんしていったのだろう。

逆に言えば、商品の価格差は2倍までなら許容されるのだから、均一価格をあまり脅威に感じる必要はないということだ。それよりも、来店客の2～3割が食べてくれる「核商品（サイゼリヤであれば299円の「ミラノ風ドリア」など）」を作り、商品価値や作業効率の面で磨き続けることのほうが大切だ。

品揃えは3タイプを意識せよ

値付け以外にも、スーパーを見ていると品揃えについて、面白いことに気が付く。**それは、商品が「ほっといても売れる商品」「店が売りたい商品」「売れないけど、ないと困る商品」の3つに分類できることだ。**

「ほっといても売れる商品」とは、定番商品のことで、下のほうの陳列棚に置かれている。よく売れるから宣伝する必要も無く、下のほうに置いてあると商品の補充もしやすい。

「店が売りたい商品」とは、この商品を買うとお得ですよ、と提案している商品で、買い物客の目線と同じ高さで目立つ。棚の中段あたりに置いてある。

「売れないけど、ないと困る商品」とは、万人ウケするわけではないが一部、根強いファンがいる。その商品があると豊富な品揃えの店という印象を与えられるものだ。

棚の上段、フッと目線を上げると目に入るあたりに置かれている。

その比率は説明した順におよそ6：3：1になっている。飲食店も商品カテゴリーごとに、この比率を意識してメニューを用意すれば、品揃えの豊富さを示しつつ、死に筋の商品を増やさないで済む。

「サイゼリヤ」なら、本場のプロシュート（イタリア・パルマ産のハム）を載せた「パルマ産熟成生ハムピザ」（609円）などは「店が売りたい商品」。本場の良質なハムを載せながら、約600円というリーズナブルな価格で、新しいピザの食べ方を提案している。

「売れないけど、ないと困る商品」の典型例は「イカの墨入りスパゲティ」（499円）で、提供をやめるとファンからクレームが入る。また、イタリアの食後酒「グラッパ」（379円）は、メニューブックを見たときにお客様が「こんなものまで置いているのか」と、イタリア料理店としての品揃えへのこだわりを感じてくれれば、それで良い。ちなみに、「ほっといても売れる商品」の代表例はライスやドリンクバーだ。

なお、メニューについては、アイテム数より使用食材の数を意識すべきだ。食材のロスが増えたり、作業効率が下がったりするのは、メニュー数の増加によるものでは

なく、使用する食材の種類が増えたことによるケースが多いからだ。

ただし、例えば、「海老入りサラダ」と「シーフードサラダ」のように、よく似ている商品があるときは、試しにどちらかの商品をやめてみよう。それでサラダというカテゴリーの売り上げが下がらないなら、その商品は完全にやめてしまうことだ。店は2種類のサラダを出しているつもりかもしれないが、お客様には同じ商品にしか見えていなかったのだから。

マクドナルドは気付きの宝庫 ―店舗視察のコツ―

飲食店経営者の中には、他店を視察した後で、「この店のやり方は大手だからできることで、ウチにはまねできない」と、初めから学ぶことをあきらめてしまったり、逆に視察した店のあら探しばかりをしたりする人がいる。厳しい言い方になるが、そんなことをやっている人は、経営者に向いていない。

なぜなら、今のように変化の激しい時代には、「ストアコンパリゾン（競合店視察）」の重要性は増すばかりだからだ。

「売り上げが伸びないのはなぜか」「もっと利益を出せないのか」と一人で悩むよりも、売り上げや利益が伸びている店を調べるべきだ。自店と何が違うのか、どうして違うのかを考えることで、自分たちがこれから何をすべきなのかが見えてくる。だから、私なりの視察のコツをお伝えしよう。

まず視察する店選びだが、自店と業態や経営姿勢が違うタイプの店の方が違いが分かりやすい。ちなみに異業種でも大手のコンビニエンスストアやスーパーマーケットで売れている商品を調べると、消費者の嗜好が分かり参考になる。ユニクロなど、専門店から得られるヒントも多い。

大前提は業績が良いところを視察し、そこから学ぶという姿勢だ。上場会社なら、有価証券報告書から売り上げの伸びや利益率、店舗数や従業員の生産性が分かるから、必ず調べておく。なぜその店に視察に行くのかを前もってはっきりさせておかなければならない。

なおチェーン店を視察する場合、その店数は自社の10倍より100倍、100倍より1000倍と多ければ多いほど望ましい。なぜなら数多くの店を持つチェーン店では、長い年月をかけて改善と標準化を進め、その店のお客様にとって「これが大事」というものだけが残っているはずだからだ。チェーン店から学べる部分は個人経営の店でも多いはずだ。

だから、私が一番視察を勧めたいのは「マクドナルド」だ。全世界に3万店もあり、言うまでもなく、世界最大級の外食チェーンだ。私は今でもマクドナルドを視察するのが大好きで、いつも新しい発見をしている。国内はもちろん、渡米時には必ず現地のマクドナルドを視察している。

さて、実際に店を視察するときは、「商品」「設備」「作業」「立地」の4分野について、それぞれ100項目ずつ書き出していくことをお勧めする。

例えば、設備なら入り口の形、壁、床、照明、マット、従業員の制服など目に入ったものをチェックする。床に敷かれたマットは何センチ四方で何色で、どんな材質だったかなど、数値を交えてできるだけ具体的に状態を書くことが重要だ。なお、100項目というと凄い数に思えるかもしれないが、慣れればすぐ書けるようになるので心配はいらない。

次のステップは、記した項目について、なぜその店はそうしているのか、なぜ自分の店と違うのかを考えることだ。大切なのは話し合うことで、個人店の経営者なら、奥さんや家族と一緒に店に行くべきだ。役割を分担して店を観察し、お互いに結果を報告して「仮説」を一緒に考える。

ちなみに観察し、話し合った後に、その店に自分たちの仮説が正しいのか尋ねる必要はない。そもそも当事者でさえ、その理由を正しく理解していないものだ。もしも、アイザック・ニュートンがリンゴが木から落ちた理由を自分で考えず、農夫に聞いていたら「リンゴが熟したから」と教えられたはずだ。万有引力の法則は発見されなかったかもしれない（笑）。

そして最後に、議論をもとに自店が取り組むべき事柄を決める。コツは、やるべきことを3段階に分けて考えることだ。具体的には「実現に長期間掛かる理想の案」「少し時間の掛かる案」「すぐにできる案」だ。

前者2つはそれぞれ長期の経営計画、中期の経営計画に盛り込む。そして「すぐにできる案」は2～3カ月で実現させる。こうやって難易度に応じて3段階くらいに分けないと、大きな目標だけ掲げ、何もしないうちに忘れてしまう、といったことになってしまうから注意してほしい。

一度、何百項目も書き出した店には定期的に訪ねることも重要だ。2回目の視察からは、前回の訪問と違う部分だけを書き出せばいい。その微妙な変化にこそ、大きなトレンドをつかむヒントがある。

普通の視察では店の表面的な部分しか分からないかもしれないが、店を観察し、なぜそうなのか因果関係を探り、何をすべきなのかを決めるというプロセスを繰り返しているうちに、繁盛している強い店の「仕組み」が見えてくるはずだ。

私はこうした手法を、サイゼリヤの社員たちにも教え、実行させている。店長に売り上げ目標を課していない当社では、ほかの店を視察し、優れた現場の改善提案をできるかどうかは、店長から次のステップに上がるための重要な評価項目にもなっている。

ヒットメニューを生む2つの大原則

売れる料理を作りたいと、はやっている料理ばかりを取り入れたり、はては業態まで変えてしまったりする店もあるが、それは間違っている。ヒットメニューというのは、安易な人まねではなく、自店の強みを磨くことで作るものだからだ。

例えば、外食の歴史を振り返るとフランス料理、イタリア料理、焼き肉、回転寿司などがはやり、それぞれ店が急増し、お客もドンドン入る全盛期があった。

最近では、ジンギスカンもそうだ。ある料理がブームになってはやるのは、時代時代の消費者が求める料理を適正な価格で出す店が少なかったからだ。店が一度注目され、ブームが起きると、その料理を提供する店が急増するが、いずれ飽和状態になり、最終的には、厳しい淘汰の時代を迎える。

ブームに便乗する飲食店は売れる料理を作りたい、ヒットメニューを作りたいと思って、はやっている料理を提供しているのだが、一時的にお客が入っても、それは長続きしない。ならば流行を追って、ちまたのヒットメニューを取り入れることを考えるより、何かに絞って地道に特定の料理を磨くほうがよほど、長い目で見ると、どこにも負けない自店のヒットメニューを作ることにつながる。実際、私がイタリア料理に特化してきたのは、そのためだ。

だから、店を長く続けたいと思う個人経営の店にとっても、流行に振り回されないことは重要だ。はやり廃りに流されていたら、経営者や従業員、その家族の生活も安定しない。私たちサイゼリヤも含め、1つの業態を長く続けたいと思う店がヒットメニューを作るには、次の2つの事柄を究めることが必要だ。

すなわち①「お値打ちで料理に合ったおいしい素材の開発」と②「より料理をおいしくする加工方法の開発」だ。当たり前に聞こえるかもしれないが、どこよりもお値打ちでおいしい料理を提供できるなら、その店の料理は必ず売れて、ヒットメニューになる。

①の素材の開発については、サイゼリヤでいえば、自社の料理に合ったトマトやレタスなどの野菜を開発しているし、最近ではドリアのホワイトソースに合うオリジナ

ルの牛乳を、乳牛への飼料を調整するといった工夫で開発した。

そこまでは一般的な飲食店にはできないが、かつて私自身もやっていたように、毎日のように朝4時から食材を仕入れに市場に出掛け、自店の料理に最適な良質の食材を選んで買ってくるといったことはできるはずだ。創業期、私は仕入れた食材を自ら店舗に配送していた。10店舗以上を回っていると、せっかくの食材の質が徐々に劣化していくことに嫌でも気付く。こうした経験が、農場での出荷直後から、運送トラック内、カミッサリー（工場）、店内の厨房まで野菜の温度を4度で保ち、鮮度を維持するという仕組み作りのきっかけになっている。
②の加工方法の開発についてだが、サイゼリヤならフライパンで焼く、オーブンで焼くというグリル料理に特化している。それぞれ料理人を抱える店には、自店が得意とする調理加工技術があるはずで、その強みを生かした看板メニューを作ることに集中すべきだ。そして作業効率も含めて、その完成度を高める。そうしないと、せっかくあるメニューが売れても品質を維持できないから、結局のところ、長く愛される料理にすることができない。

「安売り」と「お値打ち」は違う

地元密着型の店にとって、「デモグラフィック」と呼ばれる人口統計の分析も大切なことだ。店がある街の年齢層はどうなっているのか、人は年を取るごとに料理の嗜好も変わっていく。

例えば、スーパーや小売店で、カロリーや塩分、糖分などが控えめのヘルシー志向の食品が、どの程度、売れているのかも参考になる。また、自店と同じ使い道（用途）でお客様が使う繁盛店のメニューを研究するのは、ヒットメニュー作りのセオリーだ。安易に流行を追うのはダメだが、売れているものには、必ず、何らかのヒントがあるのも事実だ。

ただし、安売りがはやっているときに、値下げで割安感を演出するのは危険だ。**お値打ちな料理とは価格が安いのではなく、その品質が「この値段なら、この程度の価**

値が必要だ」という水準を上回っている状態のことだ。だから、値下げをしても価値を伴わない料理は売れないはずで、自分の首を絞めるだけだ。

私は「おいしい料理」とは「売れる料理」だと思っている。

サイゼリヤのヒットメニュー「ミラノ風ドリア」では、これまでに1000回以上「アロマ（食前の香り）」「テイスト（味）」「フレーバー（食後の香り）」の改良を続けてきた。お客様にとっては食べても分からないくらいの微調整の繰り返しだが、その影響で注文数が増えたり、減ったりする。

なお、私の予想が外れることも決して珍しいことではない（笑）。

だが、それで構わない。おいしいかどうかはお客様が決めるのであって、私が決めることではないのだから。

大商圏向きと小商圏向きの味がある

この世の中に「絶対的においしい」ものは存在しない、と私は思っている。のどが渇いていれば、水をいつもよりおいしいと感じるように、体調などによって、おいしさは随分と違ってくる。

だからこそ、ビジネスとして料理の味を考えるときには、「おいしい」というのは、計測可能なデータに変換する必要がある。

飲食店の従業員はよくお客様に「いかがでしたか？」と料理の味をたずねる。お客様が笑顔で「おいしかったよ」と答えてくださるなら、これ以上の励みはない。そして、本当に「おいしい」と思っていただけたなら、必ず、また来てくださるはずだ。

だから、「おいしい」＝「客数」と考えるようにしている。客数が増えているなら、その店の料理はおいしい。逆に客数が減っているなら、その店の料理はおいしくない

のだから、何らかの対策を講じるべきだ。

この「おいしさ」を考える上で、大切になるのが商圏の広さだ。その店の商圏は、過半数のお客様がどこからやってくるのかで決まる。

クルマや徒歩で20分以上かけて来るお客様が大半を占める店は、間違いなく大商圏の店だ。お客は目的を持ってその店を訪ねるのだから、料理人は工夫をこらして非日常的な味、めずらしい味の料理を提供しなければならない。そして、わざわざ遠方から来るのだから、価格も高めでかまわない。ただし、お客の来店頻度は低くなる。それを商圏の広さでカバーしているわけだ。

一方、小商圏の店は、周囲の人に毎日のように来てもらわなければならない。人が毎日食べてもおいしいと思うのは、既に毎日のように口にしている食べ物だ。それは体がほっとするような食べ物で、その代表例が朝食だ。

朝食といえば、ご飯やパン、味噌汁、タマゴ、ハム、ソーセージ、チーズ、納豆、海苔などが頭に浮かぶだろう。こうした食材に共通するのはシンプルな味ということだ。朝食に使われる食材は加工品が多く、品質のバラつきも少ない。

一方、非日常的でおいしい料理の例をあげるとすれば、霜降り肉や脂こってりの肉を使った料理などだ。料理人も味付けに工夫をこらしているので、間違いなくおいしいだろう。

だが、そうしたインパクトの強い料理だと、とても毎日は食べられない。逆に、赤身の肉を使ったシンプルな料理なら、毎日でも食べられるはずだ。そう考えれば、商圏の違いによる料理の差を想像しやすいだろう。

つまり、大商圏の店は非日常的な料理でなければならず、来店頻度は低い代わりに、価格帯は高めになる。一方の小商圏の店は、朝食に象徴されるようなシンプルな料理を提供し、同じお客様に頻繁に来てもらわなければならない。当然、価格は低めになる。

これを逆に言うと、料理をシンプルにしていくことで、お客様の来店頻度が高まり、小商圏でも店を運営できるが、同時に価格も安くしていかなければならないということだ。そして、食べ飽きないシンプルな料理はディナーより昼食。昼食よりも朝食で求められる。

実際、サイゼリヤも店数を増やしていく中で、1店当たりの商圏は狭くなっていった。そうなると当然ながら、来店頻度を高めていかなければならない。それが可能だ

商圏の広さに応じて売るべき商品は変わる

大商圏の店	商圏の広さ	小商圏の店
低い	来店頻度	高い
高い	価格	安い
非日常	味	日常

った理由の1つは、野菜の調達・加工などを工夫することで、よりシンプルでヘルシーな食材を提供できたからだと思う。そして元々、ディナーで使われる店だったが、次第に昼食で利用するお客様も増えていった。我々はよりヘルシーな食材にこだわっているので、これからは朝食で利用するお客様が増えると見込んでいる。

ちなみに私は3〜4店を経営していた頃に「この料理はおいしい」とか、「コクがあってうまい」とか、そういう主観的・抽象的な「おいしさ」の評価に疑問を抱き、何とか点数化できないものか、いろいろと考えたことがある。

その結果生まれたのが、「ルック（見た目）」「アロマ（食前の香り）」「テイスト（味）」「フレーバー（食後の香り）」「プライス（価格）」という5つの要素に分けて、料理や食材を点数化するという評価手法だ。おいしさの評価に「プライス」が入っているのは、料理にお値打ち感がなければ、お客はその料理をおいしいとは思わないはずだからだ。

各要素は1〜4点で得点を付け、満点は20点。5つの要素とも配点は同じだが、このこと自体にさしたる意味はない。自分なりに各要素を数値化して記録し、ほかの料理や食材と比較することに意義がある。

そうやってずっと点数化をしていると、差がつくのは「アロマ」と「フレーバー」であることに気が付いた。アロマに関して言うと、野菜不足ならレモンなど体に不足している栄養分の香りを「おいしい」と感じやすい。フレーバーについては、土や草、ハーブなど身の回りにある落ち着く香りの評価が高くなる。これが今のところの私の仮説だ。

流行の料理が売れるとは限らない

サイゼリヤは2010年3月に九州へ進出した。現時点（2010年7月現在）で4店舗を展開しているが、九州の食文化の豊かさ・素晴らしさを改めて感じている。

食文化の豊かさで知られ「食は広州にあり」とまで評される中国広東省。同省の深《しん》圳《せん》市周辺に私たちは約20店を展開しているが、お客様はグループで何皿も頼み、みんなで分け合って食べている。**食べたいものを、食べたいだけ食べる。これは「コーディネーション」を楽しんでいるということだ。お客様自身が料理を選び、自由に組み合わせて食事を楽しむことで、お客様は幸せを感じる。**

そうした中国の方々と同じように、九州のお客様も「コーディネーション」で食事を楽しむ方が多い。そして、お客様が自由に食事をコーディネーションできる価格・商品構成であることが飲食店のメニューを考える上で最も大切なことだと思っている。

そう考えるようになったのは、45年前にイタリアのレストランで受けたカルチャーショックのためだ。

当時、日本ではA定食とかB定食とか、店側の都合で料理を選びセットで提供するのが当たり前だった。一方のイタリアのレストランは「前菜」、「プリモ・ピアット」（パスタなど）、「セコンド・ピアット」（肉料理や魚料理など）、「デザート」、「食後酒」、「コーヒー」まですべて好きなものを選べる。さらに水までガス入りとガス無しの好きな方を選べた。私はこの自由に選べるという「幸せ」をサイゼリヤでも実現したいと考えた。

安心して料理を選ぶには、値段を見ないで注文できる状態を作らなければならない。例えば、「プリモ・ピアット」のスパゲティが1200円もしたら、ほかの料理を頼む気にはなれない。

つまり、1品あたりの価格が安くなければならない。値付けの参考になるのは、その国で最も売れている消耗品の価格だ。使い捨ての商品に払っても惜しくはない金額なら食べてしまえば無くなる料理にも抵抗感なく払える。例えば、以前は週刊誌やタバコが200円程度だったので、サイゼリヤではそれを値付けの参考にした。なおチエーンストア理論では、品揃えのことを「アソートメント」、品揃えを充実させるためにどんな商品が必要かを考え、開発することを「マーチャンダイジング」と呼ぶ。

小腹がすいている人はスナックとして料理を1品。朝食なら2品。昼食なら3品。ディナーなら3品＋αにワインなどのドリンク類を加えるといった具合に、お客様がコーディネーションしやすい環境を作ってあげることが大切だ。

そして、最もバランスが良い料理の組み合わせは、人々がずっと昔から食べてきた組み合わせだろう。だから、サイゼリヤでは、イタリア・西洋料理しか提供せず、その中でいろいろなコーディネーションが可能なようにしてある。さらに、相乗効果を得るために当社が提供するワインに合うように、料理の素材や味付けを選んでいる。

季節メニューを除けば、メニューの入れ替えはほとんどない。もしも、世間で売れているからという理由で、和食や中国料理の人気メニューを導入したら、我々が「イタリアの豊かさ」として提案する料理のコーディネーションをお客様が楽しめなくなってしまう。

例えば、一般的な外食チェーンは、ラー油入りの料理が売れそうなら、そうした新商品をすぐに出すだろう。それは当然の判断だ。しかし、サイゼリヤがラー油入りの料理を出すことはない。出せば一時的には売れるかもしれないが、ほかの料理やワインと合うはずがなく、お客様がコーディネーションを楽しめないからだ。

個々の商品より、コーディネーションを楽しめるかどうかを重視しているところが、ほかの外食チェーンとサイゼリヤの最大の違いなのかもしれない。

もちろん、我々も〝開発〟はしている。常に既存の料理の素材や調理方法に改良を加えており、それが我々にとっての新メニュー開発だ。特に食材については、種子の段階から開発しているものもある。自店で提供する料理に現在の食材が本当に合っているのかは、適宜、検証することをお勧めしたい。ちなみに、サイゼリヤで提供している料理以外を食べたいときは、ほかのお店を利用していただけばよいのだし、いろいろなお店を用途に合わせて使い分けるのが、豊かさだと思う。

その意味で、料理は衣服選びに似ている。例えば、結婚式なら礼服、仕事ならスーツや作業着、近所への買い物ならTシャツとジーパンだろう。高価な布地を使っていたとしても、礼服は近所への買い物に適さない。結局、良い商品とはその用途に適しているか否かで決まる。新メニューを開発するときも、どんな料理が店に合うのかをまず考えるべきだろう。

第2章

十分な利益を確保するには

大切なのは儲かる仕組みづくり

最も大切な指標「人時生産性」

生産性を高めること。製造業だろうと、外食業であろうと淘汰されず長く続けていく上で、一番大切なことだ。「生産性を高めろ」というと「料理の世界は違う」という反論があるが、そうではない。

長く愛されている料理にはそもそも無駄がない。例えば、昔から残っているカレーライスのようなクラシックな定番料理のレシピを見ると、みんな無駄なくおいしい料理を作れるようになっている。無駄を減らし続けてきたからで、それができない料理は淘汰されてきたはずだ。これは飲食店の経営にも通じることだと実感している。

適正な利益を確保するという意味で、私が創業時から重視する経営指標が「人時生産性」だ。

「人時生産性」とは、1日に生じた店舗の粗利益を、その日に働いていた従業員全員の総労働時間で割ったものだ。

人時生産性＝1日の粗利益額÷従業員の1日の総労働時間

例えば、1日の売上高が10万円で粗利益率が65％なら、粗利益額は6万5000円。従業員の労働時間の合計が25時間なら、6万5000円÷25時間で人時生産性は1時間当たり2600円になる。

飲食店なら、人時生産性は1時間当たり2000〜3000円というのが標準的なはず。経営を安定させるには、この人時生産性を高める努力が欠かせない。

サイゼリヤの場合、人時生産性は1時間当たり6000円を目標としている。飲食店の賃金は安いとよく言われるが、その中で当社が、他産業並みの待遇を実現するために必要な生産性の水準と考えているためだ。既に店舗の人時生産性は低い店で4000円、高い店で6000円に達している。

前述の通り、当社の店長たちには売上高の目標は課していないと話したが、一方で、効率的に働くことで人時生産性を5000〜6000円にすることを求めている。

例えば、急な雨で思ったより客数が少なく、パートさんの手がすいているなら、来週行う予定だったバックヤードの整理を前倒しでやってもらうといった指示を出して、先々の人件費をコントロールしていくことが求められる。

生産性を高めるために工場を活用しているのは当然だが、サイゼリヤで行っていることの1つが、生産性の高い店と低い店を比較することだ。生産性の高い店で行っている良い部分をまねて、生産性が低い店の無駄な点を減らす。

この発想は1店舗の飲食店でも応用できる。自店とよく似た業種・業態、立地で繁盛している店と比較すれば、参考になる点は多いだろう。また、自店の生産性の高い従業員と低い従業員を比べて、何が違うのかを考えるのも効率化に役立つ。

ただし、勘違いしてはいけないのは、効率が悪かったとしても、問題は「人」にあるのではない。「作業」にあるのだ。

私に言わせれば、仕事とは「作業」の集まり。その作業の中で、時間の掛かるものを短くできないか、無くせないかと考えることが、一番の効率化だ。

飲食店のホール作業には「案内」「オーダー対応」「レジ作業」「料理を運ぶ」「片付ける」といった普通に考えれば、絶対に必要な作業がある。ファストフードは、このうち「案内」「料理を運ぶ」「片付ける」という時間の掛かる作業を3つもなくすことで、飛躍的に効率的な店舗運営を可能にしている。

これはあくまで例え話だが、何か無駄をなくそうというときは、固定観念に縛られず、売り方を変えることを考えてみるべきだろう。サイゼリヤでも、将来の課題だが、食器を洗う作業を店舗ではなく、どこか1カ所で集中的にできないかといったことを考えている。

儲かる店を作る財務の大原則

家族や従業員を幸せにするためには、十分な利益を確保し続けなければならない。だから、財務戦略や設備投資についても明確なルールを決めておくことが大切だ。

新規出店や改装など何らかの設備投資を行うときの判断基準として大切なのは、ROI（投下資本利益率、Return on investment）という指標だ。「投下資本利益率」＝「利益÷投下資本×100」で、その収益率を計算する。利益は店段階の営業利益、投下資本は出店に要した総投資額に置き換えて考える。なお、この「投下資本」の部分は、投資で取得した「資産」でもあるので、ROA（総資産利益率、Return on assets）という指標で考えてもかまわない。ROAとは「利益÷総資産×100」のことで、利益は店段階の営業利益、総資産は出店に要した総投資額に置き換えて割り出す。

例えば、1000万円の資金を使って店を開業し、年間の営業利益が300万円なら、ROIは30％になる。

注意しなければならないのは、店で働く経営者自身や家族の給料・残業代もきちんと経費としてカウントし、営業利益を算出すること。そうしないと正しい現状把握ができない。

私が新規出店の判断をするときは、ROIの予測が30％に達するかどうかを基準にしている。出店後は、少なくとも20％は絶対に確保しなければならないと思っているからだ。計画では30％くらいを確保できるはずが、実際、20％近辺の数字になってしまうことだってある。

なぜ私が20％にこだわるかと言えば、世界の主要国の銀行預金金利で一番高い金利は歴史的に見て、およそ7％前後（経済危機時を除く）。もろもろの手間やリスクを考えると、その3倍を稼げないくらいなら、高金利国の銀行に預金をした方がましだからだ。

商売はギャンブルではない。

だから、新規出店には慎重であるべきで、80％の確率でROIが30％以上確保でき

正垣会長が投資の意思決定で重視する会計ルール

$$\frac{\text{営業利益}}{\text{総資本（投下資本）}} = \frac{\text{売上高（年商）}}{\text{総資本（投下資本）}} \times \frac{\text{営業利益}}{\text{売上高（年商）}}$$

数値はそれぞれ

$$0.2\text{以上} = 2\text{以上} \times 0.1\text{以上}$$

にすること

る見込みが無いならば、金融機関から借金をしてまで店を出すべきではない。特に失敗が許されない1店目はなおさらだろう。

このROIの目標値を達成するために重要なのがムダな投資をせず、設備投資の額（投下資本）を可能な限り減らすことだ。内装や厨房機器、保証金など新規出店のコストはその気になれば半分にできるケースは多いと私は思う。内装にこだわらなければ、お客様が来ないという人もいるが、それは違う。お客様が怒って再来店しなくなるのはクレンリネス（清潔感）に問題があるときだ。厨房機器についても、店のキャパシティーに合わない高性能のものをそろえる店があるが、それも間違い。どうしても欲しければ、店がはやってから買い替えればいい。

そして、投資コストと同じく抑えなければならないのが、家賃だ。

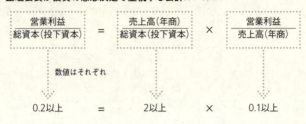

この2つを低く抑えるからこそ、その分だけお値打ちな料理を提供し、店をはやらせることができる。逆に初期投資や家賃にカネが掛かる店は、お値打ちな商品を提供する余力が残っていないから、すぐ潰れてしまう。

ちなみに、私たちの最初の店は偶然、立地が悪い代わりに家賃がすごく安く、開業資金がほとんどいらなかった。だから、全くはやらない時期を無休で働いて耐え抜き、お客に相場の7割引きの価格で料理を出すことで、繁盛店に生まれ変わらせることができた。

もしも、多額の投資や高い家賃が掛かる店だったら、あっという間に潰れていただろう。

だから、初期投資が少額で済み、家賃が低いという条件を満たす物件が見つかるまで、立地は慎重に選ばなければならない。そして、立地で注意しなければならないのが、商圏内に見込み客がいるかどうかだ。

チェック方法は簡単で、業種を問わず、自店が狙う価格帯で繁盛している店が商圏内にあるかどうかで分かる。こだわった料理を提供し、安売りをせずにはやっている店を個人店なら探すべきだろう。

これだけ店が増えた時代に、店からクルマあるいは徒歩で15分圏内にそうした店がなければ、そこにはマーケットはないのでは、と慎重に考えてみるべきだろう。既存店の場合、もしも、儲からずに悩んでいるなら、商圏内のはやっている店と同じ価格帯の料理を提供するのも手だ。改装をしなくても、料理を変えれば、客層は変わる。

投資のルールについて、いろいろ書いたが、実は私自身、40年も前に仲間と成り行きで店を出したときは、経理や財務についてほとんど知らなかった。店を出した後に専門書を必死に読み、実務を通して学んだ結果が、下の数式だ。

ROIに当たる営業利益÷投下資本×100を20%以上の数値にするためには、売上高（年商）は投下資本の2倍以上、営業利益率は10%以上を目指さなければならない。

これは異業種はともかくフードビジネスの経営指標としては不変のものだと思っている。

この式を応用すると何らかの設備投資で投下資本が増えるときは、その投資額の2倍年商が増えるかが1つの目安となる。例えば、100万円の設備投資をするときは、営業利益率がそのままなら、年商が200万円以上増える見込みがないと、ROIを下げることになってしまう。

いきなりこの指標をクリアする収益力を身に付けるのは難しいかもしれないが、設備投資を検討するときに、この数式を意識するだけでも、店のバランスシートは確実に良くなっていくだろう。

仕入れは価格より、品質を重視せよ

仕入れ業者から少しでも安く仕入れるために必死に食材を買い叩こうとする人がいるが、そうした努力自体が時間の無駄だ、と私は思う。

同じ取引先と長く付き合って、相手が提示した価格で取引をしてきたが、不都合を感じたことはない。そもそも長期的に考えると、買い叩くことで、こちらだけが得をするというのは不可能なんじゃないかと思う。

仮に、業者と粘り強く交渉して、ある商品を安く仕入れられたとしても、業者がその取引で損をしたと思えば、次はこちらに何かを高く売って損を取り戻そうと思うのは当たり前だ。

それに、瓶ビール1本とか玉ねぎ1個あたり数円安く仕入れても、削れるコストは知れている。そんなことに頭を使うよりは「今、2人で行っている作業を何とか1人できないか」など、最大のコストである人件費を削ることを考えるほうがよほど生産的だ。

実際、サイゼリヤが世界中の食材原産地から同じ品質の中で最も安いものを仕入れる「ソーシング活動」で、食材コストを削れるようになったのは500店舗を超えたころからだ。逆に言えば、そんなことをしなくても500店くらいまでは店を増やせるわけで、仕入れで最も大切なのは、とにかく安く買うことではない。

では、何が一番大切かといえば、仕入れ業者との間で、納品してもらう食材の品質について下限を決めることだ。

つまり、事前に決めた一定の水準を下回る食材は持ってこさせない。もしも、基準以下の食材を持ってきたら返品し、代わりの品物を必ず持ってきてもらう。約束は契約書にもきちんと書く。品質の下限とは「こんな食材を使った料理は、お客様に出せない」と、あなたが感じる品質のことだ。

具体的には、食肉なら色、香り、硬さ、スジの比率は何％以内。脂の量はこれくらいといったこと。野菜も色、大きさ、香り、収穫時期、保管時の温度などを決めておく。

私の持論では、料理の味の良しあしは80%が食材で決まる。料理人の技能など、その他の要因は残りの20%にすぎない。

だから、食材の品質の最低ラインを死守することはとても大切で、それができないと、同じ料金を払って同じ料理を食べているのに「以前より、おいしくない。味が落ちた」とお客様は感じるはずだ。同じ金額を払っているのだから、お客様が損した気持ちになるのは当然で、もう二度と店に来てくれないかもしれない。こうした損失を考えると、質の悪いものを安く仕入れるのは、本当に意味がないと分かるだろう。

そしてもう1つ、必ずやらなければならない重要なことが、仕入れた食材の品質が前述の条件を満たしているか、仕入れの都度、検品することだ。

私は食材の価格を値切ったことはないが、「検品」の結果、突き返さざるを得ないことはよくあった。

「検品」には、品数や量が発注内容通りか調べる「検数」と、品質が発注内容通りか調べる「検質」という2つの役割がある。「検数」はチェックしていても「検質」までは気が回っていないという店は多い。

しかし、それは重大な誤りで、検質こそ、経営者が必ず自分でやらなければならないといっても過言ではない重要な仕事だ。サイゼリヤも、今でこそ検質はカミッサリー（工場）で選抜された目と鼻の利く専門スタッフが実施しているが、200店舗くらいの規模までは、私が仕入れから検質まで自分でやっていた。

なぜ「検質」が経営者の仕事かと言えば、食材を見極める力は、誰でも簡単に身に付けられるものではないからだ。経験やセンス、そして「真剣さ」が問われる。こうした要素を店で最も兼ね備えているのは経営者にほかならない。

私の場合、食肉、鮮魚、野菜など曜日別にローテーションを組んで、常に朝一番に仕入れ業者の倉庫に出向き、食材を仕入れていた。朝一番なら状態の良い食材の中から自分で自由に選べる。

ちなみに常に朝一番だったのは、夜遅くまで店で働いた後に、クルマで仕入れ業者の倉庫の前まで行って、そこで寝ていたからだ（笑）。

なお品質の良い食材を安定して調達するには、良い仕入れ業者を選ばなければならない。

これは至ってシンプルで、繁盛店に卸しているところから仕入れるようにすること。近隣の繁盛店に出掛け、料理を食べてみて、その食材をどこから仕入れているのか、店主に教えてもらうといいだろう。私もそうやって仕入先を開拓した。繁盛店と付き合っている業者が提供する食材は品質が安定しているはずで、卸値も適正なはずだ。そうでなければ、取引先の飲食店は繁盛店になっていない。

別の視点から言えば、繁盛店と同じ食材を使う一方で、店のコストを削減し、その繁盛店よりお値打ちな料理が提供できるなら、店にお客様が来ないはずはない。自分の店を繁盛店にする必勝の策だと思うのだが、いかがだろうか。

経営計画を作る目的は責任者をはっきりさせること

経営計画を考えるときの売り上げや経費などの数値目標は「達成できたらいいな」という願望の額ではなく、「絶対に達成しなければならない」最低限クリアできるはずの額にすべきだ。

そして、具体的な数値目標を担当者たちに割り当て、責任を持たせる。この責任を持たせるという部分が大切で、逆に環境や運次第で変わってしまうような、責任を持てない部分について数値目標を定めるのは意味がない。

何事も目標は高く設定し、その実現に向けて知恵を絞るべきだと考える人もいるだろうが、その弊害は、目標が達成できなくて当たり前という状態を生み出しかねないことにある。夢のような目標を立てた経営者が悪いのか、現場の努力が足らなかったのか、責任の所在があいまいになってしまう。

例えば、今のような経済状態で根拠もなく「前年比20%の増収を目指す」という計画を立てられたら、誰も本気で取り組まない。目標未達に至ったプロセスを後から検証しようとも誰も思わないだろう。さらに、その根拠のない数値目標を基に、努力不足だと怒られでもしたら、従業員はみんなやる気を失って、辞めてしまうはずだ。

一方で、最近の業績推移から見て、「この数値目標を達成できなければ、降格・左遷もやむを得ない」と担当者自身も納得するような手堅い数値目標を定め、その目標達成のために最低限やらなければならない事項も決めておけば、責任の所在が明確になる。

目標未達の場合、誰の何が問題だったのかがはっきり分かる。結果として、降格・左遷にせざるを得ない場合もある。しかし、現実的には人材には限りがあるので、目標未達へのペナルティーは年収ダウンという形になるだろう。そして評価のプロセスが明白なので、本人もペナルティーに納得する。

サイゼリヤの場合、売り上げの数値目標に責任を持つのは本社の商品開発部門で、各店長には経費の数値目標が課せられる。既に書いてもいるが、店長に売り上げの目標は課していない。

チェーンストアでは、店の売り上げは「商品」「立地」「店舗面積」で決まる。店長の努力が及ぶところではない。この私たちの考え方を、単独店や数店規模の店に置き換えると、売り上げに責任を持つべきなのはメニューを開発する料理長で、経費コントロールは店長の責任ということになるだろう。

さて、サイゼリヤの店長にとっての最重要の仕事は、過去の売り上げ推移から予測される来店客数と、店舗スタッフの能力から算出される1週間単位のスタッフの総労働時間（＝1週間分の人件費）内で、月曜日から日曜日までの人員配置を決め、それを守ることだ。これを「稼働計画」と呼んでいる。

大切なのは、週単位の人件費を決めてしまい、それ以下の金額に抑えようと知恵を絞ることにある。店での仕事は年間計画を立ててもどんぶり勘定にしかならないし、毎日計画を立てるのでは細かすぎる。だから、1週間単位で計画を立てるのがちょうどよい。

コスト削減というと、ある支出の中のムダを見つけて、それを減らしていくというパターンが多いが、それよりも支出額を決めて、それ以上は絶対に使わないようにした方が、コスト削減は進む。ちょうど、夫の給料が減っても奥さんがうまくやりくりするのに似ている。

その「稼働計画」を達成するために必要な考え方やスキルは、従業員への計画的な教育で伝えている。

具体的には、店内での仕事を、接客や調理のように「来客数に応じて増減する仕事」、掃除のように「来客数と関係なく毎日する仕事」、さらに「週に1回で済む仕事」や「月に1回で済む仕事」などに分けて考えるのが基本だ。予想に反して、お客が少ないときに、倉庫の整理など「週に1回で済む仕事」などを前倒しで済ませることで、人件費を節約できるからだ。これで固定費（人件費）を変動費に変えられる。

さらに、ライス用の皿は、左手で持って、右手でスポンジを3周回す、など一つひとつの作業については、IE（インダストリアル・エンジニアリング）という発想で効率の良い方法を見つけてあるので、それを新人スタッフに早く教えれば教えるほど、作業効率が高まり、総労働時間は減っていく。

サイゼリヤでは一人前の店長になるまでに、洗い場での作業から管理職としての業務まで、200項目にもわたって覚えなければならないことがある。その習熟度はすべてチェックされ、報酬にも反映される。習熟度が分かっているから教育もしやすい。

値下げの限界点を見極めよ

販促のために期間限定で一部のメニューを値下げしている店は多い。消費者の使えるお金が減っているのだから、値下げがやむを得ない場合もあるのは確かだ。

ただし、値下げをするなら期間限定ではなく、その価格で売り続けるべきだ。その覚悟がないなら値下げをすべきではない、と私は思う。

なぜなら、いったん値下げで安く食べられるようになった料理を、また元の価格で食べなければならない消費者は、必ず損をした気分になる。結局、「ストアロイヤルティー（店へのお客様の信頼感）」を損なってしまうだけになりかねない。

常々、商品の「価値」が「価格」を上回る「お値打ち感」こそ最も重要だと力説しているが、お値打ち感を最も左右するのはやはり価格だ。その意味でも値下げが必要なときはある。料理のプロではない消費者に料理人のこだわりを理解していただき、その価値を認めてもらうことはなかなか難しい。

例えば、ライバル店と同じメニューが３つあったとして、価格は同じ、使っている食材の種類もよく似ていたとする。しかし、食材の質や手間のかけ方は違っていて、それぞれ10円、50円、１００円ほどライバル店より「価値」があったとしよう。それぞれの差を的確に見抜けるお客などいないのではないだろうか。だから、そこで差を付けようとすると店側の自己満足で終わりがちになるので、注意しなければならない。

その点、価格は分かりやすい。同じ料理があなたの店で３９９円、別の店では４００円で売られていた場合。わずかの差なのに違いは明白だ。

しかし、気を付けなければならないのは、意味のない値下げもあることだ。なぜなら商品の価格を下げていくと、ある一定の価格水準までは注文数が増えるが、それ以上は値下げをしても注文数が伸びなくなるからだ。そこがお得感を打ち出して注文数を伸ばす最適な価格で、その価格を下回る水準への値下げは単に利益を減らすだけだ。

最適な価格は店の用途（利用動機）やメニューによっても異なる。チェーン店は、いくつかの店で実験した後で全店のメニュー価格を変更できるので、最適な価格を見つけやすい。だから、チェーン店の価格戦略に学ぶべき点は多いが、それ以上は価格を安くしても注文数が伸びなくなる価格水準が存在することを意識しているだけでも、無意味な値下げを避けるのに役立つ。

ちなみに価格を見直すときのコツは値段の末尾に「４」「８」「９」を意識することだ。

ある料理を値下げするとき、３５０円よりも３４０円はかなり安い印象を受けるが、３３０円や３２０円まで引き下げても、消費者が受ける心理的なインパクトは３４０円とあまり変わらない。同じく５００円より４９０円、４８０円はかなり安く感じるが、さらに20円、30円引き下げて４７０円や４６０円にしても、そのインパクトは知れている。ならば前者は３４０円、後者は４９０円か４８０円で売るべきだろう。

値下げに限った話ではないが、あらゆる経営判断はある意味「実験」だ。だから、実験を行う前提条件、実験方法、結果に至った原因の特定が求められる。それこそが経営ノウハウの蓄積になる。

あなたが、ある料理について50円の値下げに踏み切ることに決めたとしよう。なぜ50円の値下げをしなければならないのか（前提条件）や、なぜポーション（分量）を増やすなどほかの選択肢ではなく、50円の値下げなのか（実験方法）を書面にまとめる。その上で、その内容をもとに従業員たちと議論することをお勧めしたい。もし反対意見が出れば、それを喜ぶこと。反対意見を述べる相手に狙いを説明する過程で、あなたは「なぜ値下げに踏み切るのか」を再確認できるから、計画をより効果的なものに改良できる。

そして値下げ実行後は、その成果を検証することが重要だ。それも単純に結果だけを見るのではなく、本当に値下げの効果で注文数が増えたのかを必ず検証することだ。仮に、値下げと同時にその料理の注文数が増えたとしても、それが本当に値下げの効果なのかは分からない。もしかすると、「改訂したメニューブックのPR文が良かった」「たまたまテレビでその料理が紹介され注目された」など、注文数が増えたのは値下げと全く関係がないことも十分にあり得る。

無論、検証結果が正しいとは限らないが、様々な「要因」の中から、結果につながった「原因」を突き止めるという姿勢は、経営判断の精度を高める。最も効果的に値下げをして、集客数を増やせるようにもなっていくだろう。

さて、ここまで、値下げをしたら、その価格を維持すべきと言ってきたが、例外もある。それは物価がコストダウンでは吸収できないほど上昇した場合だ。周囲の店も値上げをするはずなので、同じタイミングで値上げをすれば、悪影響は受けないはずだ。

原価率は40％以上あっていい

食材の品質を落とすことで、仕入れ値を下げて利益を増やす——。

これは飲食店経営者が最もやってはいけないことだ。私の経験からいえば、個人経営の店が繁盛店であり続けるためには、原価率は40％以上であるべきだと思う。

確かに、サイゼリヤの原価率は34・2％（２００９年８月期）に抑えられている。しかし、これは野菜の種や肥料まで自社開発しコストを抑える、世界中の生産地からコンテナ単位で買い付けるなどの工夫の結果だ。もしも、同じ品質の食材を普通に仕入れていれば、原価率は40％を大きく上回っているはずだ。私自身、食材の質を下げて利益を出そうと思ったことは一度もない。

なぜなら料理の味の良しあしの80％は食材の質で決まるからだ。料理人の技能は15％。残りの５％が店内での食材の保管状態というところだろう。だからこそ、食材の質にはこだわらなければいけない。

例えば、野菜。本当は、店の裏にある畑から取ってきたばかりの野菜をその場で調理した、作りたての料理が一番うまいはずだ。しかし、そんなことは普通の店にはできない。

だから、サイゼリヤでは食材保管時の①「温度」と②「湿度」、収穫からの③「経過時間」、運搬時の食材への④「振動」の4つにこだわってきた。

例えば、畑で野菜をトラックに積んで調理するまで、野菜のまわりの温度は4度に保つ。運搬時の湿度をある一定の水準に保つことで、野菜の水分が外に出ることを防ぐ。経過時間にこだわるのは細菌を繁殖させないため。運搬時、食材に振動を与えないようにするのは劣化を防ぐためだ。ミルクを振り続けると成分が分離してバターに変わるように、振動は食材を変質させてしまう。

右に挙げた①～④の与える悪影響が少ないという理由で、飲食店が地産地消を目指すのは理にかなっていると思う。ただし、この4つの悪影響を抑えられるなら、世界中からお値打ちで高品質の食材を探すべきだ。

料理人の技能が料理の良しあしに与える影響は15％にすぎないと書いたが、料理人

長く愛される店を作るための経費配分ルール

➡粗利益率は60%以下に

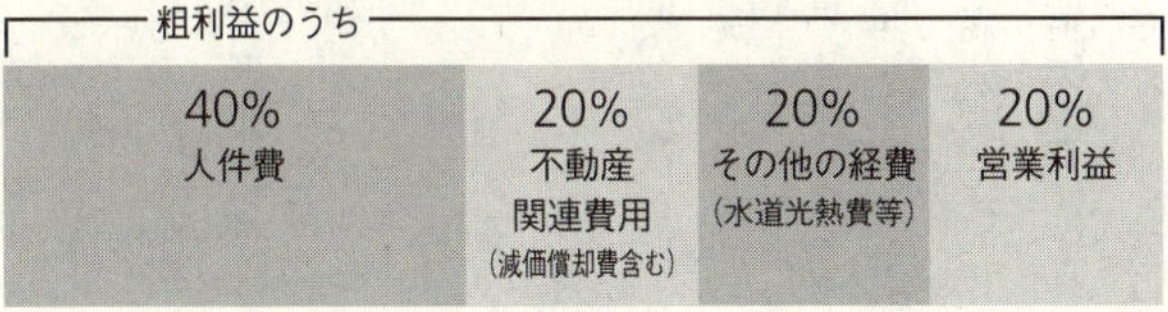

以上の数値を目安にすると継続的に繁盛する店になる

には別の重要な役割がある。それが、「売上高」から「原価」を差し引いた「粗利益」の比率を一定にすることだ。**粗利益率を一定に保つために何より大切なのは、意外に聞こえるかもしれないが、料理の味を一定に保つことだ。仕入れられる食材の質は毎日微妙に異なる。また店には、暇な時間帯もあれば多忙を極める時間帯もある。そんな中で毎日、どんなときでも同じ味にするのは簡単なことではない。**

どんな日のどんな時間帯に食べても味が一緒でなければ、お客様は「以前より、おいしくない。味が落ちた」と感じる。いつもよりおいしくできたというのも実はダメだ。同じ料金を払って、同じ料理を食べているのだから、次に来たときに損をした気分になる。つまり、この部分がしっかりしていないと客数が下ブレをするので、粗利益率を一定に保てなくなるわけだ。

逆に客数が上ブレしてスケールメリットが出るなら、料理の値下げやポーションを増やすことでお客様に還元していくことを考えるべきだろう。また、毎日市場で仕入れる食材の質・価格は変動しているが、それを可能な限り、一定の水準に抑えることは、経営者兼料理人という「目利き」にしかできない仕事だ。

その粗利益率は、60%を超えない水準に保つことが望ましい（原価率は40%以上になる）。

獲得した粗利益のうち、40%を「人件費」（教育研修費も含む）に振り分ける。家賃などの「不動産関連費用」（設備投資の減価償却費などを含む）と水道光熱費など「その他の経費」にはそれぞれ20%ずつを使う。そうすれば粗利益の20%が営業利益として残る。

この費用配分こそ、私は飲食店が環境の変化に左右されずに、繁盛店であり続けるための理想形だと思っている。無論、達成するのが簡単な数値ではない。それでも無駄な作業を減らして人件費を削ったり、家主と交渉して家賃を下げたりすることで、この数値に近づけるよう努力するだけでも、十分に役立つはずだ。

数多くある飲食店の中には原価率20%でもはやっている店はあるだろう。しかし、それは立地に恵まれているなど、特殊な要因が大きいはず。競合店ができたらいきなり大打撃を受けることもあり得る。**食材に十分なコストを掛けることで、粗利益を過剰には取らず、お客様に還元するからこそ、店は長く続けられるのだ、と私は思う。**

こうした視点で考えると面白いことが見えてくる。例えば、A店とB店という売上高営業利益率がともに12％という優良店があったとしよう。A店の粗利益率が75％、B店が60％だとすれば、A店の経営はB店より、長期的には不安定な可能性が高い。利益水準だけ見ていると分からないが、A店には各種経費の圧縮や商品力アップなど、やるべきことがたくさんあると気が付くだろう。

地方都市で成功する秘訣

日本の地方都市にあるジュエリーショップが1億円の宝石をショーケースの中に並べても、まるで売れないのは当たり前だが、ロンドンやパリの高級店なら1億円の宝石でも買ってくれるお客様はたくさんいる。これは、前者には商圏内に1億円の宝石を買えるお客様が住んでいないからだ。一方、後者は世界中を商圏にしているため、世界中のお金持ちが宝石を買いにわざわざやって来てくれる、という違いによる。極端なたとえ話だが、立地によって確保できる商圏の広さや人口が違うというのは飲食店でも同じだ。

つまり、地方で明暗を分けるのは、自店を繁盛店にできるだけの人口が商圏内にあるかどうかということだ。例えば、東京の「銀座」や「新宿」ではやっている店というのは、想定される商圏内に数百万人くらいの多種多様な人々が住んでいるはずだ。

だからこそ、「若者向け」「カップル向け」「女性向け」など客層を絞り込める。

よく飲食店経営の本にはターゲットを絞れと書いてあるが、私はお勧めしない。人口の少ない「地方」では、ターゲットを絞る店は成り立ちにくい。だから、あなたの店が地方にあって、うまくいかないと悩んでいるなら、あなたの店と商圏が合っていない可能性が高い。そして、商圏の広さや人口は、店の利用形態によって異なる。

来店回数が3カ月から1年に1回程度の「ハレの日」の需要を狙う店は、用途が限られるので客層も狭くなり、大きな商圏が必要になる。具体的には来店手段が徒歩でもクルマや公共交通機関を使う場合でも、店まで30分以内が商圏になる。その中に10万人以上、できれば20万人の人口がほしい。クルマで30分以内というのは店から半径30キロ以内という意味で、それくらい離れた場所からでもお客様を呼び寄せられる何らかの魅力が店に必要だ。

一方で、「日常食」を扱う店はお客様の来店頻度も高くなり、幅広い客層を受け入れられるので、小さな商圏でやっていける。来店手段にかかわらず、店まで10分以内に人口が5万人というのが目安になるだろう。なお、商圏内の人口と確保できる客単価は比例する。商圏内の人口が5万人という「小商圏」で確保できる客単価を「1」

とすると、商圏内の人口が10万人という「中商圏」の客単価は「2」。商圏内の人口が20万人という「大商圏」なら客単価は「4」になる。例えば、商圏内人口20万人の大商圏にある洋食レストランの客単価が4000円だとすると、同じような店が人口5万人という小商圏にあるなら、客単価は1000円が適正ということになる。

自店のお客様がどこからやって来るのか、そこから分かる自店の商圏内にどれだけの人口がいるのか、一度、検証してみるべきだ。

その結果、もしも、自店の業態に必要な商圏内の人口よりも実際の商圏人口が少ないようなら、対策を打つ必要がある。一番簡単なのは商圏内に十分な人口を確保できる場所に移転することだが、それができる店は少ないだろう。

次善の策が、商品の変更。商圏人口が少なくてもやっていける商品を投入するということだ。具体的には、毎日のように利用しても食べ飽きないように、よりシンプルな味の料理を目指す。客層としては、40代以上のお客様を増やすべきだろう。

40代以上のお客様の特徴は①価格にシビアでお値打ち感を求めている、②最適な量を食べたいと思っているので、Sサイズがあるなど量を選べるようにしてほしいと思っている、③カロリーや塩分、糖分、脂肪分が低い「ヘルスフード」を求めている、

40代以上のお客がサイゼリヤで好んで注文するアルコールがワイン。つまみ類とのコーディネートを楽しむ人が多い

④料理やお酒を自分で組み合わせて食べるコーディネートを好む、といったものがある。

そして、もう1つ忘れてはならないのが、⑤分かりやすさだ。店は見つけやすくなければならず、メニューを選ぶときも、ほとんど考えずに自分が食べたいものを選んで注文できるようにすること。40代以上のお客様はわずらわしいのが嫌いだ。

ちなみにある商品を頼むかどうか迷うのは、そのお客様自身が気が付いているかどうかはともかく、無意識のうちに値段が高いと感じているからだ、と私は思っている。そうした負荷を与えず、さっと料理を選べる価格設定が望ましい。

もっとも、これは私が提示する1つの打開策にすぎない。繁盛店になるための答えは、店によって違う。大切なのは、お客様に喜んでもらいたいと考え、失敗にくじけずに頑張るというプロセスだ。自分が正しいと思うやり方に固執するのはある意味、傲慢だ。

私も含めて、人は「自分が絶対に正しい」と言い切れるほど、たいした存在ではない。どうすればお客様にもっと喜ばれるのか、と試行錯誤を繰り返すことでしか、「自分本位」から「お客様本位」に考え方を変えることはできない。それこそが末永く繁盛店を作るために経営者が手に入れなければならない「宝物」だ、と私は思っている。

震災という「異常事態」

まず、2011年3月11日に発生した東日本大震災で被災された方々に心からお見舞いを申し上げたい。今後、日本全体が東北地方の復興に本格的に取り組んでいく中で、サイゼリヤもできる限りの貢献をするつもりだ。先日も、実家が福島県で農業を営んでいるという20歳の大学生から「震災と原発の影響で大被害を受けている、福島の米作りを助けてください」という長文の手紙をもらった。私はその手紙への返事として、できる限り福島県の農業のために力を貸すと伝えると同時に、こうも付け加えた。「この異常事態を、震災前より豊かになるチャンスと捉え、前に進もう」と。

当たり前だが、私は震災を歓迎しているのではない。ただ、米作りが今まで通りにできないと絶望するのではなく、ゼロベースでこれまでの在り方を見直す機会に変えるべきだ、とは思う。もっと収益性が高いとか、塩害に強い作物を育てられれば、収入や雇用を増やせるかもしれない。震災もそうだが、予想もできない「異常事態」というのは意外に起きるものだ。飲食店なら、食中毒の発生や従業員の集団退社といったことも「異常事態」に該当するだろう。

異常事態に直面したときの心構えはチェンジとチャレンジだ。物事を変えざるを得ないとき（＝異常事態）なのだから、新しいこと（＝チェンジ）に前向きに挑戦（＝チャレンジ）すべきだ。**異常事態のときは、日頃やっている、いろいろなことをやめざるを得ない。これは前向きに捉えると、日頃やっていることを①「やめられる」し、②「絞り込むことができる」ということだ。**

例えば、埼玉県吉川市にあるサイゼリヤの本社工場は、計画停電の影響で1日8時間の稼働ができず、4時間しか動かせない日もあった。「仕事にならない」と弱音を吐いて当然のところだが、サイゼリヤの社員たちは「段取りを工夫すれば、1日4時間の稼働で、これまでの8時間分の作業をできるかもしれない」と考えて、作業工程の見直しに挑戦してくれた。平時にはまさか、「工場の稼働時間を半分に減らしてみよう」などとは誰も思わない。だからこそ、異常事態のとき、日頃なら考え付かないような改善策が生まれるかもしれないわけだ。

メニューについてもそうだ。お客様にご迷惑をかけてしまったが、当時、一部の食材が手に入らず、提供メニューの数を絞った。今後、販売動向を分析する中で、販売をやめても、客数や店の売り上げに影響を与えない商品が見つかるかもしれない。それはお客様にとって不要な商品でもあるということだ。

メニュー数というのは、放っておくと自然に増えていくものだ。それは余計なコストを生むが、これも平時なら、売り上げへの影響が怖くて、なかなか減らせない。食材が調達できないという異常事態だからこそ、大幅にメニュー数を減らすと何が起きるのか、を検証できる。

つまり、異常事態のときには、平時にはできないことができて、平時には考え付かないことをひらめくかもしれないということだ。物事を真剣に考えるということはとても大変で疲れる作業だ。だからこそ、平時にはなかなかできない。その意味で、異常事態は新しい力やアイデアを生むきっかけになる。

だから、震災や計画停電の影響で売り上げが激減したというのなら、失ったお客様を取り戻せるようなお値打ち感のある商品を作るチャンスと捉えるべきだ。半分に減ったお客様を元の水準、つまり、今の2倍に増やすためには、今までとはまったく違

う発想で商品開発をするしかない。今は苦しいかもしれないが、これまでとは比べ物にならないほど魅力のある商品やサービスを作るんだ、と前向きに考えたほうが商売はうまくいく。私はそう信じている。

ところで、私にとって、最初の異常事態は創業期、お客同士のケンカで起きた火事のために、店が燃えてしまったことだ。店ははやってなかったし、借金だけが残った。店を再開するなら、さらに借金をしなければならない……。火事で店がなくなったのだから、店をやめる口実はある。事実やめてしまおうとも思ったのだが、そのとき、なぜ自分は飲食店をこんなに苦労してまでやっているのだろう、と真剣に考えることができた。

そのとき、ふと思い出したのが「La Buona Tavola」(ラ・ボーナ・ターヴォラ)という言葉だった。イタリア語で「おいしい食事」という意味だ。私は、イタリアの人たちが楽しむ食事、コース料理とワインを組み合わせた食事のスタイルを日本中に広めたい、という思いを持って店をやっていることを思い出した。その瞬間、また店を頑張って再開しようという力がみなぎってきた。

あの異常事態をきっかけに生まれた凄いエネルギーがあったから、勉強して知恵を付け、今のサイゼリヤの土台を作れたのだと思っている。大変な時期だからこそ、人はいつも以上に頑張れるのだ。

多店舗化のポイント「立地創造」

繁盛店の若手経営者から「どうすれば多店舗化に成功するか」と尋ねられることがある。そうした質問を受けたときは「教育システム」「投資リターン」「立地創造」「(お客様にとっての)便利さ」という4つの事柄について考えるように、とアドバイスをしている。

「教育システム」とは、店長や料理長を育てる仕組みのことだ。作業手順や体の動かし方、作業道具を統一し、決まった手順を覚え、誰もが同じ結果を出せるようにしなければならない。そうしなければ、どの店でも同じ品質の料理・サービスを提供することができないからだ。

「投資リターン」とは、出店に掛けた費用に対して得られる収益のことだ。これは「ROI(投下資本利益率)」や「ROA(総資産利益率)」で20%以上を目指したい。

ＲＯＩとは「利益÷投下資本×１００」。ＲＯＡとは「利益÷総資産×１００」のことで、利益は店段階の営業利益、投下資本や総資産は出店に要した総投資額に置き換えて割り出す。

ＲＯＩやＲＯＡを高くするには、収益を増やすだけでなく、出店時に無駄なお金を掛けずに店を作ることも大切だ。20％は高いハードルだと感じるかもしれないが、それくらいないと従業員教育に十分なお金を掛けられない。

そして3つ目が**「立地創造」。他社が出店しないような場所であるにもかかわらず、自社の店舗は出店できる立地を見つけたり、自社業態を改良することで、出店可能な立地を創り出すという意味だ。これに成功したところが、大規模なチェーンになっている。**自動車社会の到来によるロードサイドの将来性にいち早く気付いた大手ファミリーレストランなどが、これに当たるだろう。

立地と聞くと、店が同じ場所にある限り、その環境は変わらないように思えるが、それは違う。魅力的な立地というのは、時代とともに変わっていく。

例えば、かつては駅の主要な出入り口から１００ｍ以内が魅力的な立地とされ、多くの店が競ってそこに出店した。しかし、魅力のある場所は取り合いになるので、家賃も保証金も高くなる。それでは利益が出ない。そこで百貨店は、新宿や渋谷の駅から徒歩15〜20分以内という、それまで注目されていなかった場所に店を出して成功した。駅周辺の立地という意味では、駅裏や駅ビルといった場所も注目されるようになった。高層オフィスビルの1階も、以前は誰も注目していなかった場所だが、そこに出店し成功したのが、米国系のコーヒーチェーンだ。

誰もその土地の価値に気がついていないうちは、家賃も保証金も安い。だからこそ、そうした立地なら一気に店を増やせる。先に店を出したところの成功を見て、後発組が周囲に店を出すだろうが、その頃には家賃も保証金も跳ね上がっているはず。後発組との競争は、先行者にとって圧倒的に有利だ。

不動産会社の物件で、ずっと借り手がつかなくて残っているようなところで、あなたの店は経営できるだろうか。もし難しければ、どうすれば経営できるかといったことを考えてみるのが、「立地創造」への第一歩になる。なお、物件の家賃は粗利益（売上高－食材原価）の20％以内に収めること。原価率が40％なら粗利益率は60％。従って家賃は売上高の12％以内になる。

そして最後が「（お客様にとっての）便利さ」。生活が豊かになっていくと、人はやりたいことが増える。時間をかけずに食事を済ませたいから1人客も増えていく。そのお客様にとっての便利さとは2つの意味がある。料理の提供スピードが速いという側面と、お客様が店に行きやすいという側面だ。

「立地創造」を考えるときには、この要素も加味すべきだ。店数を増やせば、商圏内の人口は少なくなるので、来店頻度の高い店を作る必要がある。また、商圏内の人口が少ないのだから、老若男女が利用しやすい店でなければならない。また、10店作りたいのか1000店を目指したいのか、といった目標とする店舗数によっても、必要な商圏人口や来店頻度は異なる。目標店数が多ければ多いほど、商圏人口が少なくてよく、しかし来店頻度が高い店でなければならなくなる。

なお、1つの店から多店舗化を進めて大規模チェーンを作る過程で必要となるスキルは、1店を繁盛させるスキルとはまるで異なる。経営者を教育者に例えるなら、幼稚園児から大学生に至るまで、すべて1人で教えるようなイメージだ。こんなことは簡単にできるわけがない。生徒の成長に合わせて、適切な教育者が指導するのと同じで、私自身、現在の規模以上にサイゼリヤが多店舗化を進めるには、自分よりふさわしい人間がいると思ったから、社長を退いた。

だから、繁盛店を作ったら、それをチェーン化するのが得意な人に売却するというのを繰り返すことも、外食ビジネスで成功するうえで正しい選択だ。かのマクドナルドも創業者から店を買い取った起業家が世界最大のチェーンへと成長させている。

海外進出の注意点

最近、飲食店の海外進出が注目されている。サイゼリヤが初めて海外に出店したのは中国・上海で2003年のことだったが、今では上海や広州を中心に約80店を展開している。

こう説明すると、海外は有望なマーケットだと改めて感じるかもしれないが、サイゼリヤが中国に進出した理由はそれとは違うものだ。

当時、我々が目指してきた国内での多店舗化が進み、株式の上場も果たし、従業員に支払う賃金も外食業界の中では、高い金額を支払えるようになっていた。まだまだやるべきことはあるが、ある程度、カタチになったというところだった。

一方の中国はもちろん、急速な発展を遂げてはいるが、まだまだ貧富の差も大きい。サイゼリヤが進出すれば、消費者には安価にイタリア料理を提供できるから、一般市

中国に展開するサイゼリヤの店舗。長期的には中国全土で3000店の出店を目指している

民の食文化を豊かにできる。それに日本でつちかったノウハウがあるから、従業員にも今までより高い賃金を支払えるはずだ。それは回りまわって、中国の労働者の賃金水準を引き上げることにも貢献できると考えた。

つまり、食文化と賃金水準の両面で中国に貢献できると考えたから、進出したのであって、海外でひと山当てようと思ったわけではない。合弁企業だと現地のパートナーに迷惑を掛けるかもしれないので、自社の単独出資で子会社を作る「独資」での中国・上海への進出を選んだ。

独資での進出を許可されたのは、外国の外食企業としては初めてで、中国の人に安くイタリア料理を食べてもらいたいという熱意が伝わったのだと思う。

もっとも、中国の店は当初、大苦戦を強いられた。提供価格は、日本のサイゼリヤとほぼ同じ。日本から進出したほかの外食チェーンに比べれば、料理の値段はかなり安い。当初はそれでいけるということになったのだが、始めてみるとお客様が全く来なかった。

社内では「中国の人たちは、サイゼリヤで食事をできるほどお金を持っていないのではないか？」とか、「値上げで収益確保を図ろう」といった声が上がった。

一方、渥美俊一先生のもとでチェーンストア理論を学ぶ「ペガサスクラブ」の活動で友人になったニトリホールディングス会長の似鳥昭雄さんからは「中国の物価水準から見ると、今のサイゼリヤの価格は高過ぎる。大幅な値下げが必要だ」というアドバイスを頂いた。

中国事業の担当者は値上げをしないと潰れる、とさえ言う。しかし、中国への出店は、安くて良質なイタリア料理を食べていただきたいという理念に基づくものだったはずだ。値上げをしたら、何のために中国に出店したのか分からない。それに、似鳥さんのアドバイスは私の問題意識と同じだった。

写真は、中国で人気のパスタ「菌菇面(きのこのスパゲティ)」(価格は9元)

私は中国事業の担当者にこう指示を出した。

「どうせ潰れるなら、創業期に料理の価格を市価の7割引きにすることで、お客様が絶えない繁盛店を作ったときと同じくらいの大胆な値下げをしよう。価格を安くして潰れるなら、気分が良い」

まず、それまでの価格と比べて、5割程度の値下げを実施。それではインパクトが弱いと、最終的には価格を7割ほど下げた。

すると、その直後から1日100人くらいしか来店しなかった店に、1日3000人が押しかけるようになった。店の前に並ぶ行列は一日中、絶えることがなくなった。

サイゼリヤで食事をする順番を待つために、近所のお店で弁当を買ってきて食べながら待っているお客様まで現れるほどになっていた（笑）。

1つの店では、お客様が入りきらないので、店の周辺に新しい店を出して、そちらもご利用いただく。店数を増やしていく手法も、創業期と同じだった。賃金も現地のサービス業としては最高水準の金額を支払えている。ちなみに現在、中国ではパスタは9元（日本円で約111円、1元＝12・3円で計算）、ピザは19元（約234円）、サラダは6元（約74円）から提供している（2011年当時）。

私が海外進出の経験からあらためて感じるのは、利益が出ないというのは、社会への貢献が不十分な状態だということだ。だから、サイゼリヤも中国では価格を大幅に引き下げることで、現地の人たちに喜ばれる店になって、初めて利益を出せるようになった。

これから海外に進出する飲食店の経営者は、進出することで、その国にどんな形で貢献できるか、という部分を明確にすべきだ。

なお、少子高齢化や不況で日本の先行きは暗いので、好景気に沸く、夢の持てる国に進出したいと考える経営者が最近、増えているようだ。しかし、それは話が逆だと思う。

商売とは、誰かの役に立つということだ。日本が大変な状態だというなら、それだけ困っている人がたくさんいるわけで、誰かの役に立つ＝商売のチャンスがいくらでもあるという図式が成り立つ。わざわざ海外に出る必要はない。国内でやるべきことが、いくらでもあるのではないだろうか。

第３章

リーダーと組織の在り方

人が頑張れるのは誰かの役に立つからだ

リーダーならビジョンを持て

経営者や何らかのプロジェクトを任されるリーダーにとって大切なのは、将来へのビジョンを持つことだ。それを周囲に言い続け、協力してくれる人を増やさなければならない。

40年前の創業間もない頃、私や創業メンバーは昼の3時から働き、朝8時に家に帰って眠るという生活をしていた。休みは1年に1日だけ。次の年、休みが1年で2日になった時には、休みが2倍に増えたといって、みんなで喜んでいたくらいだ。

なぜ当時、あれほど頑張れたかといえば、多店舗化を進めるという明確な目標をみんなに示していたからだ。本場のイタリア料理を相場の7割引きで提供し、店は凄くはやっていた。「今頑張れば、店が増えて店長になれる」と全員が分かっていた。そのうえ、お客様も毎日喜んでくれるから、みんな遊びのような感覚で仕事を楽しめたのだと思う。

リーダーは、目標や理想を持ったら周囲に語り続けることで、周囲のみんなも頑張れる。そして、自分たちが持っていない知識やノウハウのある新たな同志を集めるという意味でも、理想を語ることはとても大切だ。どんな人間も1人でできることはたかが知れている。

多店舗化に成功した後、「種から野菜を開発する」ために自社専用の農場を福島県白河市に作ったり、原材料を安価に調達できるオーストラリアに工場を建てたりした。どちらも当時としては大胆な決断だ。最初は誰もが計画に半信半疑だったが、私が本気で夢みたいなビジョンを語っているうちに、多くの人たちが力を貸してくれたことで成功した。東日本大震災や原発事故の影響で、宮城県に新しい農場を作っているが、ここでも私たちサイゼリヤのビジョンに共鳴してくださった地元の方々が力を貸してくれている。

頭の良い人は、私のように「毎日でも食べられて、体が自然に元気になる料理を世界中に提供したい」といった夢みたいな話はしない。周囲の人に、バカだと思われたくないからだろう。でも、ずっと話を聞いていると、その夢の実現に力を貸したくなるようだ。優秀な人材が続々とサイゼリヤに中途入社してくれたのも、そのためだと思う。

だから、みなさんには金儲けとか私利私欲ではなく仲間を幸せにするとか、社会に貢献するような目標を持つことを勧めたい。そして、自分が描くビジョンを照れずに言い続けることだ。長年一緒にいる奥さんから「この人、急に変になったの」と心配されるくらい大きな目標を持つのが、ちょうどよいと思う。そうすれば、自分より優秀な人材が、あなたや仲間の夢をかなえるために力を貸してくれるはずだ。

同時にリーダーには、夢の実現に向けて仮説を立て、検証し続けるという姿勢も欠かせない。

7割引きが大ヒットする前のサイゼリヤは、フルーツパーラーというかスナックのような店だった。当時は本当に1日に来店客が6人しかないような状態で、私は一緒に店をやっている仲間を、どうやって食べさせていくかばかり考えていた。

そうした中で、お客様が繰り返し食べたくなる〝麻薬〟のようなものを出せばよいとひらめいた。食べもので麻薬のようなものとは、世界中で人類が大量に作り、食べ続けている食品のはず。それを作れば、日本でも売れないはずはないからだ。

本で調べてみると、世界で一番売上高のある野菜はトマトで、穀物は小麦だと分かった。日本ではそれほど普及していなかったが、オリーブオイルも、相当な量が世界中で作られていることを知った。

トマト、小麦粉で作るものといえばパスタ……。「何だ。世界で一番食べられている料理はイタリア料理か」とひらめいた私は、それを検証するためヨーロッパに視察旅行に出掛けた。そして、料理やワインの組み合わせの豊富さを目の当たりにし、日常食として豊かであることを確かめた。最終的に、イタリア料理をそっくりそのまま持ってこようと決めた。

その後は、料理を5つの要素に分けて検証を続けている。「おいしい料理を作れば売れる」というのは、抽象的すぎるからだ。その5つとは、「ルック（見た目）」「アロマ（食前の香り）」「テイスト（味）」「フレーバー（食後の香り）」「プライス（価格）」だ。

このうち「ルック」「テイスト」の2つは、どこの国の人でも好まれるものは基本的に変わらない。ただし、「アロマ」と「フレーバー」については、日本では醤油や味噌、イタリアではハーブやレモン、オレガノ（香辛料の1つ）の香りが好まれるといった若干の差がある。しかし、それはトータルで見ると大した違いではない。

国によって違うのは、日常食として売れるための「プライス」。参考になるのは消耗品の値段だ。毎日食べるものは、消耗品同様に支払っても懐に痛みを感じない価格でなければならないからだ。

ちなみに、サイゼリヤのパスタの価格で399円が多いのは、以前よく売れていた週刊マンガ雑誌の価格が200円前後だったことを参考にしている。誰もが買う雑誌の2倍程度なら、1品当たりの価格として支払っても惜しくないだろうと考えたためだ。現在、当社は進出先、中国での最適な商品価格を考えている。目安とすべき消耗品や、その何倍くらいが受け入れられる価格なのか試行錯誤を続けている段階だ。

私と同じことをする必要は無いが、自分なりの指標を作り、反応を検証する作業は楽しいし、店を良くする上でも必ず役に立つと思う。

人のため・正しく・仲良く

「経営」には「変えていくもの」と「変えてはいけないもの」がある。

変えていくものは「経営手段」で、3つに分かれる。1つは日常業務のことで、週単位の見直しが必要だ。これをチェーンストア理論では「戦術」と呼ぶ。

もう1つは10年単位で変えていくべきもので、簡単に言うと、ライフスタイルや消費行動の変化を踏まえて商品の売り方を変えていくことだ。

「デモグラフィック」と呼ばれる人口統計の分析や社会情勢の変化を踏まえ、ロードサイド中心の出店から大型ショッピングセンター（SC）中心の出店に切り替える、少子高齢化が進んでいるので、野菜を多く使うヘルシーメニューを増やすといったことも、これに当たる。これをチェーンストア理論では「経営戦略」と呼ぶ。さらに経営戦略とは別に、30～40年単位で考えるべきものは「戦略」と呼ぶ。例えば、M&A

などの検討がこれに当たる。

一方で、「何十年も変わらない、変えてはいけないもの」がある。それがいわゆる「経営理念」だ。

経営理念とは、何のためにこの店（サイゼリヤ）をやっているのか、ということだ。私も毎年、新入社員たちに必ず最初に経営理念について話すことにしているが、物事の結果はすべて、その人がどんな考え方に基づいて行動したかに左右される。だからこそ、人材育成には経営理念を教え込むことが欠かせない。

サイゼリヤの経営理念は「人のため・正しく・仲良く」というもの。「人のため」とは、お客様に喜んでいただけたかを計るバロメーターを客数と捉えて、客数を増やすことを最優先で考えよう、という意味。常連客の数を増やすことさえできれば、売り上げも利益も後から付いてくる。これは創業期、お客様が少なくて困っていた頃、それでも頑張っていると、だんだん常連客が増え、行列になり、最後は店に入らなくなったため、店の近所に別の店を出したという多店舗化のきっかけになった「原体験」から生まれた。

次の「正しく」とは、「正しく経営をしていこう」ということで、「会社も従業員も

お客様も喜ぶことをやろう。みんなで話し合って、それをより良くしていこう」という意味だ。サイゼリヤでは、その実現のためにあらゆる作業を「標準化」し、それを改善し続けている。

ちなみに標準化のコツは、従業員の中で一番優秀な人間がやっている〝名人芸〟を、誰にでもこなせるようにできないか、と考えることだ。

そして、経営理念最後の「仲良く」とは文字通り、「従業員はみんなで仲良くやっていこう」ということ。そのためには公正で客観的な評価をしなくてはならない、という意味も込められている。人は自分が正しく評価されていると思うから頑張れる。

その一環として、どんなスキルを身に付け、どんな仕事をすると時給がいくらになるかは、従業員たちにすべて公開している。

サイゼリヤで働く人間は経営トップから現場のスタッフまで、この経営理念「人のため・正しく・仲良く」に基づいて考え、行動しなければならない。

しかし、経営理念として掲げられるような事柄は、わざわざ理念として掲げるだけあって、やり続けることが難しいのも事実だ。だからこそ、経営者が自社の理念を従業員に言い続けなければならないし、自ら思い続けなければ、経営者自身もその理念をおろそかにしてしまう。

ましてや新入社員に一言いって、それで完全に分かってもらえるはずもない。だから、仕事を覚えていく中で、サイゼリヤの理念を学べるようにしている。一人前の店長になるまでに10年間で、洗い場での作業から管理職としての業務まで、200項目にもわたって覚えなければならないことがある。それを1つずつ覚えていくことが、当社の理念を体で覚えていくことになるのだ。

その理念を体現した「良き習慣」が身に付くと、店長にはリーダーシップが備わっているはずで、様々な日常業務の改善案を本部や現場に提案し、実現できる人材に育っているはずだ。さらに、そこから成長を続けた人材は、新業態の開発や海外展開など会社全体の改革案を提示し、実現できるようになっているだろう。

どれくらいのキャリアを積むと、どんなスキルが身に付き、どんな仕事を任せてもらえるのかも、経営理念と同様に、最初に従業員にきちんと伝えなければならない大切なことだ。ここまでの話はサイゼリヤの取り組みだが、経営理念とは従業員という「同志」を集める旗だ、と私は思う。だから、絶対に文章にまとめて、多くの人に示せるようにしなければ、優秀な人材は集まらない。

そして同時に、その旗のもとで一緒に頑張ると「のれん分け制度がある」とか「どんな店でも通用するすし職人になれる」など、将来、個々の従業員がどう成長できるのかを必ず明確に示さなければならない。これも経営理念同様、そう簡単には変えてはいけない部分で、そうしないと従業員たちは安心して仕事を覚え、力を発揮することができないだろう。

ビジネスとは心を磨く修業の場

仕事は、一生懸命に取り組んでいると「やりがい」を感じ、さらに頑張り続けると「生きがい」を感じるようになる。「生きがい」とは「生きている証し」。高い水準の努力を続けるには、仕事に高い価値を見いだしていなければならない。ただし、価値を見いだし、素晴らしい仕事をしていると信じている者にとってさえ、努力を続けるというのは大変苦しいことだ。

例えば、安くておいしいものだけを提供しようと決め、実際にそうやって繁盛していた店の経営者がいたとしよう。ある日、安くなくてもおいしければ売れる、と考え方を変えてしまった。これは、薄利多売より粗利の高い商品を売ったほうが経営が楽になる、と無意識のうちに考えたためだ。本人も気が付かないうちに初心を忘れ、経営方針を変えてしまったことになる。

誤解をしてほしくないので付け加えるが、値段の高い商品を売ることを非難しているのではない。問題は、自分自身「生きがい」を感じ、苦労を省みなかったはずが、知らず知らずのうちに、易きに流れてしまうことがよくあるということだ。

易きに流れる思考法は「天動説」みたいなものだ。ご存じの通り、地球の周りを太陽や惑星が回っているという昔の世界観である。**人は、自分中心に物事を考え、自分にとって都合が良い結論を導き出そうとする生き物だ。だが、ありのままに物事を見ることができれば、自分たちを中心に世界が回っているわけではないことに気付く。**つまり、「地動説」のように物事を客観的に見られる。

ありのままに物事を見るように努力する一方で、会社や店で働く仲間の気持ちを1つにすることも大切だ。**みんなの心を1つにする方法は、決まっている。それは「社会に貢献する」「人のために役立つ」という、経営者の志を明確に示すことだ。**

仕事が終わった後で、「今日は本当にあのお客様に喜んでいただけたのだろうか」と反省する。次の日に反省した内容を生かせず、一からやり直すことになっても、また同じように繰り返す。この繰り返しができるかどうかで、結果に差が出る。

そこでは、100％の達成度を求めなくてよい。「正しい」方向と「間違った」方向という2つの道があるときに、51%の力が正しい方向に振り分けられていれば、それで正しい方向に着実に進んでいける。1年、2年、10年と経てば、ライバルとの間に大きな差ができているはずだ。

外食業界の浮き沈みは激しい。その中で、好不調はありながらも、サイゼリヤがここまでやってこられたのは、自社を「製造直販業」と捉え、種子の開発から食材の冷凍・加工や運搬の手法まで、常に最先端の技術を取り入れてきたからだ。1日1日を見れば、失敗の連続かもしれないが、自分たちのやっていることは正しいと信じて改善を重ねてきた。

ある意味、ビジネスは心を磨く修業の場のようなものだ。私自身も含め経営者は「もっと楽に商売をしたい」という誘惑と常に闘っている。そんな経営者たちの揺れ動く心を初心に立ち返らせる役割を果たしていたのが、2010年7月21日にお亡くなりになった渥美俊一先生だった。チェーンストア理論を学ぶ「ペガサスクラブ」を主宰し、ダイエーやイトーヨーカ堂など名だたる大手小売り・外食の経営者たちが、渥美先生の教えを受けた。

渥美先生は「みんなの暮らしを豊かにしたい」という純粋で壮大なロマンを持って

いた。コンサルタントというより、同志を募って世の中を変えていく宗教家や哲学者のような方だった。ペガサスクラブに参加する経営者たちもまた、「お客様のため」「社会のため」というロマンを持って仕事に取り組む人ばかり。それでも経営者は、目先の出来事に右往左往してしまいがちだ。そんなとき、渥美先生の講義を聴くことで、初心に戻ることができた。

渥美先生との思い出はたくさんあり、話は尽きない。私が43歳の時、渥美先生とご家族の海外クルーズ旅行に誘っていただいた。船旅を希望されたのは、先生のご家族である。電話がつながる場所にいると、つい仕事をしてしまう渥美先生への配慮からだった。旅の途中、渥美先生から「種をまいて実るのは50歳を過ぎてから。今やっていることを続ければ、必ず花が咲く」と励ましていただいたことは私にとって忘れられない思い出だ。

大手流通業の創業経営者たちが、その後の飛躍に向けて大きな転機を迎える年齢がおおむね43歳だったことを知る渥美先生は、当時43歳の私にそのことを伝え、励ますために海外旅行という時間を作ってくださった。10年後の53歳で株式上場を果たせて、先生の期待に少しは応えられたと思っている。

ビジネスの根幹部分を説く渥美先生の様々な著作は、経営者の成長段階によって学び取れる内容が違う真の名著だ。日常品・日常食の分野でチェーン化を目指すならば、1冊の本を100回は読み返すつもりで、手に取っていただきたい。

失敗からしか学べない

日々の仕事に追われ、店を良くするためにいろいろなことを考える時間がないというなら、不要・不急の仕事を減らして時間を作るべきだ。現場でクタクタになるまで働くというのは、経営者や店長の本来の役割ではない。**経営者や店長の仕事は「考える」ことだ。**

時間を作る基本はまず「整理・整頓」。もしも、あなたが昔の私と同じ経営者兼料理人なら、厨房内の整理・整頓から取り組んでみてはいかがだろうか。なぜそこにその器材や食材を置くのか、もっと作業のしやすい厨房のレイアウトがあるのではないか、ほとんど出ないメニューのためにある在庫は、無駄なスペースを取るのでやめてしまう方がよいのではないか……。

作業効率が上がれば、疲れにくくなるし、時間を有効活用できる。不思議なもので人は、新メニューとか新しいサービスの導入など仕事を増やす決断は、簡単にできる。**一方で、これは意味が無いからやめようという仕事を減らす決断は、なぜかなかなかできない。しかし、仕事を増やし続けることはできないと悟り、負担になっている仕事は一度、「エイヤ」でやめてみるべきだ。**

時間があってはじめて「なぜ利益が出ない」「どうすればもっと売れるのか」といったことを、きちんと考えられるようになる。

何らかの問題点を見つけ、仮説を立て、改善策を実施し、その結果を数字で検証する。この一連の取り組みを成功させるには、「ありのままに物事を見る」しかない。**「ありのままに見る」とは、利他の精神を持ち、社会への貢献を前提にするということだ。これはきれいごとでも何でもない。お値打ち感があって、また来たいとお客様が思う店しか、商売を続けることはできないのだから当然のことだ。**

そして、ありのままに見るには、1つのことだけをじっくり考える必要がある。そうすると、たった1つの問題の背景に10とか、100といった単位の様々な要因が重なり合って、存在していることに気付く。それは、1つの物体をどんどんクローズアップしていくと無数の分子や原子、素粒子（物質の最小単位）の存在が見えてくるのと同じだ、と私は思う。

ありのままに物事を見るには、それ以外のことは一切考えないというくらいの「集中力」が必要だ。一度に2つ以上のことを考えると、安易なモノマネや小手先で儲けるテクニックのようなものしか見えてこない。私自身、何かに取り組み、うまくいかなかったのは、集中力が足りず、安易に考えてしまったときだった。

もっとも、私は何かに取り組み失敗することを悪いことだとは思っていない。**よく成功体験から学ぼうとする人がいるが、成功とはほとんどの場合〝まぐれ〟みたいなものなので、そこから何かを学ぶのは不可能に近い。失敗を繰り返し、その経験から学んでこそ、成功に近づける。**

ある方法で失敗したとしよう。次に同じことを繰り返さなければ、少なくとも同じ失敗はしないで済む。その分、成功に近づく。ここで大切なのは、失敗したのは自分のものの見方が間違っていたからだという自覚である。そう意識していないと、失敗の理由を部下のせいや立地のせい、景気のせいにしてしまう。それでは失敗から学べない。

例えば、当社も新業態を実験するときは、わざと立地や商品内容、価格をバラバラに設定して複数出店するということをしている。試行錯誤を繰り返し、データを集める必要があるからだ。

一見、無駄なことをしているように見えるかもしれないが、失敗すればするほど問題点を把握できる。これは既存の店にも言えることだが、問題点が見つかることは素晴らしいことだ。それらを改善した分だけ店が確実に良くなる。

みんなが、より楽に仕事をできるようにする方法を考える——。これがサイゼリヤの店長の仕事である。無駄なことをやめれば、体は楽になり、効率良く働ける。だから、効率化とはいかに楽をするかを考えることだ。現場からの改善提案を受けたら、必要に応じて、本部はプロジェクトチームを立ち上げ、問題の解決に取り組む。理想を言えば、1週間に1つのペースで立ち上げたいところだが、まだそこまでには至っていない。

店長たちが電子メールで、私に直接問題の改善策を提案する仕組みもある。寄せられるメールの数は1年間で約1万通。私はすべてを読み、地域別の会議の場を通じて、あるいは返信のメールを書くといった形で、彼らの提案に返事をするようにしている。

提案は膨大な数になり、それは非常にうれしいが、何が問題かを見極める力がまだまだ甘い。**問題点を正しく把握するには、何々が問題だ、と考えるのではなく、なぜ自分はそれを問題だと感じるのか、と考える習慣を付けることだ。**それを知ってほしいから、私は店長たちの提案に自分がどう感じたかを説明するようにしている。

能力を左右するのは「経験」

繁盛店を1店作るうえでも、100店作るうえでも、大切なことは同じだと私は思っている。それは、「儲ける」のではなく「儲かる」ようにするということだ。「儲ける」とは、自分が利益を得ることを第一に考えて行動することだ。これは必ずどこかで立ち行かなくなる。一方の「儲かる」とは、お客様に喜ばれることを最優先に考えて行動するということ。お客様に喜ばれているのだから、利益は自然に付いてくる。結果として儲かるのだ。別の言い方をすると、商売はお客様に喜ばれるという形での社会貢献でなければ続かない。この大原則は、シェフ兼経営者が経営するオンリーワンの個店も、私たちのようなチェーンも何ら変わらない。

個店のシェフ兼経営者が腕によりをかけた料理でお客様を喜ばせられるのは、それまでの人生で身に付けたその人だけの「技能」がモノを言うからだ。ただし、これは、ほかの人にはマネできない。

一方でチェーンのように、店数を増やし、会社の規模を大きくしたいなら、社員を教育して人材を育成する仕組みが欠かせなくなる。教育とは社員に「知識」を与え、「経験」を積ませることだ。身に付けてもらうのは「技術」。ここで言う「技術」は「技能」とは明確に異なるものだ。技能はそれを身に付けた特定の人にしか発揮できないものだが、技術は決まった手順を覚えれば、誰もが同じ結果を出せる。ほかの人に教え、その人も同じようにできるという再現可能なものでもある。

社員の仕事上の能力を左右するのは、知識が2割、経験が7割、経営哲学の理解が1割といったところだと思っている。つまり、能力を一番左右するのは、経験を積ませたかどうか、だ。

だから、定期的な人事異動が必要で、1つの部署にいるのは18カ月くらいが望ましい。なぜなら、それ以上の長期間、同じ部署にいても得るものが少ないからだ。

例えば、あまり仕事の内容に変化がなさそうに見える東京・新橋の店長から、新宿の店長への異動でさえ、人をとても成長させる。さらに言えば、社員が苦手意識を持っている仕事を任せてみることも、その人を大きく成長させるきっかけになる。無論、異動直後は様々な失敗を繰り返すかもしれないが、「成功する人は、誰よりも失敗した人」という趣旨の格言もある。だから、それでいい。社員の能力は計画的に作っていくものなのだ。

そして、経営者として会社を大きくしたいのなら、料理以上に教育への関心が持てなければならない。今、売れるメニューを作れても、それは必ずマネをされる。自分は料理を上手く作れても、それを「技術」として人に伝えられないなら、店数を増やしても上手くはいかない。そう考えれば、何十年と競争を続けるには、人材をどう育て、組織を作るかのほうが大切だ、と分かるだろう。

ちなみに、サイゼリヤの場合、向いている仕事を任せるのは40代後半からでいいと考えている。それまでは定期的な人事異動で、店舗を振り出しに商品、工場、財務、人事など、いろいろな経験を積ませ、各自の能力アップを図っている。

サイゼリヤの社員たちはまず、①店舗ですべての現場作業をマスターする（20代）。それを覚えたら、②日常業務の「改善案」を提示できるようになる（30代）。その経験を積めば、次に③店のあり方・仕事のやり方を根本から変える「改革案」を出せるようになるだろう（40代）。改革案を考える経験を積めば、④20～30年先まで見据えた長期計画を考えられるようになるはずだ（50代以上）。

ところで、日々の「改善」も大切だが、それだけではいつかダメになることも、ここで強調しておきたい。時代の変化によって根本的な改革が必要になるときがやって来る。例えば、テレビの技術革新が、分かりやすい例かもしれない。改善の積み重ねだけなら、テレビの画像はどんどん美しくなったとしても、それだけでは3Dテレビなどというものが登場するはずもない。

だから、「改善」を考えられるようになった社員には次に「改革」に取り組んでもらう必要があるのだ。ちなみに、世界のどこかで起きているかもしれない根本的な変化をどう捉えるのかといえば、「改善」や「改革」ができる人材による「ストアコンパリゾン（競合店視察）」しかないと思っている。

今、店を任せられる人材がいないなら、これと見込んだ人物にまず、今の仕事を一通り覚えさせ、日常業務の改善案を考えてもらってはどうだろうか。それが十分できるようになったら、根本的な改革案を考えてもらおう。この過程で、その人の能力は大きく伸びるはずだ。注意点は、その人の労働時間に占める肉体労働の時間を減らしてあげること。「考える」ことは、体が疲れていると十分にはできないものなのだ。

週に1度は商圏内の調査を

物事を突き詰めて考えていると、「なぜ？」「どうして？」と不思議に感じることばかりなのに気付く。「我思う、ゆえに我あり」という言葉を残した哲学者デカルトではないが、この分からないことだらけの世界で、確かなのは、「なぜ？」「どうして？」と考える自分がいるということだけだとさえ思う。

世界は分からないことばかりで、その上、変化をし続けている。だから、その変化がどんな影響をもたらすのかも、やはり分からない。飲食店の経営でも同じことが言える。

例えば、立地。店は同じ場所にずっと変わらずあるはずなのに、近くに新しい道路ができたとか、ショッピングセンター（SC）が建ったといったことで、その店を取りまく環境はどんどん変わっている。

競合店の登場は分かりやすい変化だ。日常の食事を提供する店ならコンビニエンスストアも競合に含まれる。どんな商品が売れているかを知り、彼らには作れない料理を提供しなければならない。

そして、厨房機器などの店舗設備にも技術革新という変化がある。これまでより作業効率の良い機器をライバル店が使っているのに、自店は使っていない。あるいは、その存在さえ知らないというのでは、やはり困る。ちなみに設備の技術革新については、ストアコンパリゾン（競合店視察）も大切だが、専門誌などからいろいろな情報を集める努力も欠かせない。

自店の客数が減るということも、今まで満足してくださっていたお客様に満足してもらえなくなったという意味での変化だ。その原因は何かを探り、改善策を考えるのは、個人経営の店なら、当然ながら店主の仕事だ。週に１日は店の仕事を休んで、自店の商圏内の変化や競合店の動向を調べるべきだろう。

一方、チェーン店の場合、店長は店舗運営のことだけで精いっぱい。代わりに、商圏内の変化を探り、対策を考えるのがエリアマネジャーの仕事だ。サイゼリヤの場合、エリアマネジャーは店長（当社では「地区長」と呼ぶ）５〜６人につき一人の割合で置いている。

エリア内の変化を把握しつつ、同時に店長の仕事である「稼働計画（1週間分の人員配置計画で、これによって人件費が決まる）」「施設の保全（クレンリネス）」「従業員の教育」などについて指導するのもエリアマネジャーの役割だ。教育とは、自分がやってみせて、相手にやらせてみて、できるようになったかをチェックすること。だからエリアマネジャーは問題のある店には、指導のために1日、チェックのために1日と、週に2回は足を運ぶ必要がある。

商圏内の変化を把握し、店長を指導することで、エリアマネジャーは担当するエリア全体の経費をコントロールしていく。なお、サイゼリヤではエリアマネジャーや店長に目標売上高を課してはいない。店の売り上げは立地、商品、店舗面積で決まるものだからで、売り上げが悪くなるとすれば、商品開発をする本社の責任だからだ。

それでも、これくらいの売上高なら、望ましい経費の額はこれくらいで、営業利益はこれくらいという理論値は算出できる。そのあるべき営業利益額に近づけていく責任をエリアマネジャーは担う。

エリアマネジャーはその地域の「競争対策（競争相手を調査し、対策を講じること）」の責任者でもある。ただし、例えば担当店舗の近くに格安ラーメン店ができて、店のお客様がそちらに流れたとしても、販促チラシを配ってお客様を取り戻せ、というのではない。

私は競合店が増えることは良いことだと思っている。それはお客様の選択肢を増やすことであり、社会を豊かにする。ただし、競合店の出現で、曜日・時間帯別にどの程度、客数が減ったかを把握し、客数が減った曜日・時間帯の担当スタッフを減らすことで人件費を減らさなければならない。また、競合店の商品が魅力的なら、それに負けないような新商品の開発を本部に提案するのもエリアマネジャーの仕事だ。

当社では、こうした経費のコントロールの精度が高くて、的確な報告・提案ができるエリアマネジャーが、本部スタッフなど次のステップに上がっていく。

雨が降ると客数が減る店もあれば、SC内にある店のようにかえって客数が増える店もある。店の周囲の環境変化は多様だ。何が問題点で、どうすべきなのか仮説を立て、検証し続けられなければ、経費をコントロールする精度は上がっていかない。

繰り返しになるが、経営者なら店は同じ場所で同じように営業しているように見えても、周囲の環境はどんどん変わっている、と自覚しなければならない。だから、商圏内の変化を把握することに十分な時間を割くことだ。もしも時間が無ければ、店内の掃除や経理事務は専門業者に頼むなど、自店の強みとは関係ない作業を外注化してでも、時間を作るべきだ。

商売の原点を忘れないために

新年を迎えるに当たって、初心に立ち返り、これからの1年を頑張ろうと心に誓う人は多いだろう。私の場合、40年前に初めて出した店のことを思い出すことで気持ちを新たにしている。

店を始めた当初は、1日に来店客が6人しかいないというようなこともあった。転機となったのは本場のイタリア料理を学び、相場の7割引きの価格で提供したことだった。

突然、店はすごくはやりだした。お客様もみんな喜んでくれて、毎日のように来てくれる常連客がどんどん増えていった。それに比例するように、仕事が楽しくなった。従業員の給料を払えるか心配する必要もなくなった。利益が出て、新しい店を出せるようにさえなった。

こうした私の実体験から生まれた当社の経営理念が、「人のため・正しく・仲良く」というものだった。「人」とは、お客様のことで、客数が増えるということが、お客様に喜んでもらえている証しだと分かった。「正しく」とは、作業を標準化し、一定の水準で料理・サービスを提供することを意味する。「仲良く」とは従業員一人ひとりを公正に評価することで、心を一つにして頑張ろうという意味だ。正しく・仲良くしなければ、お客様に喜んでいただけない。当然、客数も増えない。私にとって創業期を思い出すことは、経営理念に立ち返るという意味でもある。

世の中は変化していくから、私たちもどうすれば、お客様に喜んでいただけるか、新しいことに取り組む「実験」を重ねなければならない。たとえ、実験が想定した結果にならなくても、それを失敗と捉えてはいけない。単に手法が間違っていたということにすぎないからだ。しかし、何度挑戦してもうまくいかないときもある。その時は、自分の考え方が間違っていたと捉えるべきだ。

すなわち、儲けることや目先の利益だけを追求して、お客様に喜んでもらうという飲食店の原点をないがしろにしていたのではないか、と考えてみることだ。それは当社の場合なら、前述の経営理念に沿った行動ができていなかったと自省することを意味する。

何かに取り組み、どうしても上手くいかないときに、自分が悪かったと考えるのは、最も建設的な考え方だ。競合店にお客を取られた→不景気のためだ、業績が悪い→部下の能力不足だ、と失敗の理由を他人に押し付けていては、一歩も前に進めない。世の中のすべての結果には、当然ながら原因がある。原因は自分の中にあるという前提で実験を行うほうが、成功する可能性は高くなるはずだ。

なお、あらゆる「実験」は、何のためにそうするのか、なぜそれをすべきだと思ったのか、という前提条件を自分で文章にまとめて、ポイントを整理しながら進めていくとよい。同じ失敗を繰り返さなくて済み、成功につながる可能性が高まる。

私たちサイゼリヤが今、社会の変化に合わせて、実験を続けているのが「ヘルスフード」だ。ヘルスフードとは文字通り、体に良い・健康的な料理のことだ。

有機野菜を使っていることや栽培農家を宣伝するような〝ヘルシー志向〟とは全く違う。サイゼリヤの目指すヘルスフードとは、数値で示せる健康な食事だ。具体的には「カロリー」「塩分」「糖分」「脂肪分」の４つを引き下げながら、お客様に満足をしていただける料理を作ることである。

月日を重ねるということは、私たちもお客様も年を取るということだ。デモグラフィック（人口の推移に伴う変化）から見ても、お年寄りが増え、若者は減って、人口ピラミッドは逆三角形になってきた。

そうした時代を迎えたときに、私たちサイゼリヤがお客様に喜んでもらうには、ヘルスフードという視点から、料理の改良を進めることが欠かせない。それは多くの飲食店にも当てはまると思う。

これまで外食では「カロリー」や「塩分」などが多い料理ほどおいしい料理として、もてはやされてきた。だから、それを引き下げれば、客離れを引き起こすのではないか、と感じる人もいるかもしれないが、その心配は不要だ。

例えば、若い女性は美容を気にしているし、成人病の患者が増えていることからも分かるように、現代人は日常の食生活で「カロリー」や「塩分」を摂りすぎている。求められているのはカロリーや塩分の過剰な食事ではなく、ヘルスフードのはずだ。

だから、力を入れるべきは野菜だ。サラダならドレッシングを除けば、カロリーをほぼゼロに近づけられる。直営農場を持ち、料理に合う野菜を種子の開発から手掛ける当社には一日の長がある。ハンバーグもなるべく赤身肉を使ってカロリーを減らす。

唐辛子やハーブを使った味付けを進めることで、塩分を減らすこともできる。
時代が変われば、社会への貢献方法も変えていかなければならない。

大切なのは公正な評価

私は自社の店を視察したときに、料理がルール通りに盛り付けられていないなど、現場が荒れている場面に遭遇しても、それで従業員たちを怒ったことはない。飲食店の現場は来店客の数が激しく変動するから、工場と違って計画的に動くことができない。ピーク時には、いつもより丁寧に作業ができないのはある意味で仕方がない。

ただし、こうは考える。ピーク時に丁寧な作業ができないのは、現場でやるべき作業が多いからだ。忙しいときにムラが出やすい作業は「盛り付け」「カット」「味付け」の3つ。ならば、この3つについて、店の厨房でやらなければならない作業を少なくしていけば、作業のムラも減って現場が荒れることもなくなるはずだ。

つまり、できないことを叱るより、なぜできないのかを考え、従業員ができない作業を減らすべきだ。そもそも仕事ができるというのは、知識があって、実際にその通りにやれるということ。それは「技術」を身に付けるということだ。「技術」とは決まった手順を覚えれば、誰もが同じ結果を出せるものを言う。ほかの人に教えられ、その人も同じようにできるという再現可能なものでなければ技術ではない。

教育とは「知識」と「経験」を与え、「技術」を身に付けさせることだ。例えば、テーブルをきれいに拭くという作業なら、「布巾をテーブル上で左右に4回往復させること」と明確に手順を定め（＝知識）、それをやってもらう（＝経験）。

そう考えると、「テーブルをきれいに拭く」という仕事ができないから怒るというのは、おかしい。決まった手順を従業員が知らない、できないというのなら、知識と経験を与えられない従業員教育の仕組みこそ見直すべきだろう。

さらに言えば、教育に頑張ればできるという「根性」や心を込めてやろうといった「気持ち」を持ち込むのは、あまり意味がないとも思っている。

だから、頑張っている人を見たら、ほめてあげるのもよいが、もっと大切なのは従業員を公正に「評価」することだ。

例えば、学生の気持ちを想像してみよう。親や先生から「よく勉強したね」とほめられるのはうれしいことかもしれないが、志望校に合格するうれしさはその比ではないはずだ。志望校に合格すれば、自分の努力が正しく評価されたと実感できる。仕事も同じだ。**仕事が楽しいと感じるには、きちんと評価されていなければならない。人は評価されることが喜びにつながる。**

そして、「評価」とはイコール「報酬」である。評価が上がるなら、それに応じて報酬も増えなければならない。

当社なら、パート・アルバイトの評価は各店に3～5人配置しているトレーナー（ベテランのパート・アルバイト）たちと店長の話し合いで決める。店長の評価は5～6店を統括するエリアマネジャーと広域の営業責任者の話し合いで決めている。

「仕事」と「評価」、「教育」、「報酬」の4つが連動しているからこそ、次は何を頑張れば正しい評価がされるかが分かるのだ。ほめるのもよいが、こうした仕組みがなければ、従業員たちはやる気を失っていくのではないだろうか。

ところで、優秀な人材を見抜く方法はあるのだろうか。

同じような経歴のスタッフなら誰を昇格させるべきか。原則は候補者の中で、一番、数字を動かした人にやってもらうということ。Aさんが150万円のコストを削減、Bさんは200万円なら、Bさんを抜擢する。

もっともAさんとBさんのどちらにリーダーシップがあり、新しいポストに適任だったのか、本当のところは誰にも分からない。出世といえば、同期より出世が1年早いとか遅いといったことを気にする人もいるが、そんな差は後でいくらでも取り戻せる。そもそも、若い頃に要領の良さで周囲からチヤホヤされていた人が、気付いたら伸び悩んでいるというのはよくある話だ。一方で、若い頃は目立たず、地味にコツコツやっていた人が40歳くらいから頭角を現すことも本当に多い。

ただし、1つだけ確かなのは「敗者復活戦」を乗り越えた人は、その後に伸びるということ。いわゆる「遅咲きの花」だ。

サイゼリヤでは1年間に店長の5%が降格し、店長の補佐に戻る。そこから店長に再度、昇格する人は昔の仕事の進め方を反省しているから、前とは違って格段に仕事ができるようになる。そのうえ、仕事ができない人たちの気持ちも分かるから指導もうまい。

店長を補佐する社員たちを集める「アシスタント会議」で、私は元店長たちに「あなたたちには将来性があるから頑張れ。期待しているぞ」と声をかけているが、それは慰めているのではなく、事実を伝えているだけの話なのだ。

数値目標は1つに絞れ

一流の料理人と会う機会というのは刺激的なものだ。彼ら彼女らは、師匠から弟子へと昔から受け継がれてきた神技のような「技能」を持つ。食材の切り方、混ぜ方、熱の加え方……。それは、誰にでもマネできるものではない感覚的なものでもある。

もしも、一流料理人でサイゼリヤのメニュー開発に興味を持ってくれるような柔軟な発想の人と出会えたら、力を貸してくれないか、と声をかけたいと思っている。サイゼリヤは種子の開発から食材の冷凍・加工や運搬の手法まで、常に科学的に最良の手法を追求してきたが、優秀な料理人だけが持つ「技能」を持ち合わせているわけではない。

例えば、卓越した「金属深絞り」の技能を持つ職人であり、東京・墨田の岡野工業の経営者でもある岡野雅行さんは、ＮＡＳＡ（米航空宇宙局）などから仕事の依頼を受け、その「神技」で従来にない製品を作り、宇宙開発に貢献している。これは、職人の神技と科学的な手法が結び付くことで、全く新しいものが生まれる好例だ。私たちも優秀な料理人との間で同じ関係を作りたいと思っている。

もっとも、それまでの人生で身に付けたその人だけの「技能」で勝負する料理人とサイゼリヤの商品開発部隊では、お互いの背景がまるで異なる。だから、メニューについて話し合っても、最初はお互いに「言葉」が通じないだろう。そこで、イライラせず、お互いに違うということを理解できれば、きっと実りの大きな協力関係を作れるはずだ。

この「言葉が通じない」という状態は、何も珍しいことではない。**飲食店でよく使われる「おいしい」とか「心配り」という言葉も、極めて感覚的なものだ。こうした言葉は、それだけでは何かを言われても、きちんと理解するのは難しい。指示された通りに行動しようとしても、何をしてよいか分からない。つまり「再現性」がないわけだ。**

例えば、「もっとおいしく料理を作れ」という言葉は、具体的に何をすればいいのかを全く説明していない。指示した側が、本当に望んだ味付けの「おいしい料理」を作ってほしければ、調味料の量や鍋で何分煮るかまで、きちんと説明しなければ、「おいしい料理」を再現できない。

問題は、人は感覚的な言葉で説明しただけで、十分な指示を与えたと思いがちなことだ。何度、同じことを注意しても、仕事を覚えられず、叱るたびに「すいません」と謝るばかりの従業員が多いことにフラストレーションを抱く人もいるだろう。しかし、それはこちらの勘違いで、そもそも感覚的な言葉での指示しか与えていないせいだ。それでは、いくら指示を与えたり、叱ったりしても、店が良くなるはずはない。

ただ、そうは言っても、人間が感覚的に考え、話をするのは仕方がないことだ。常に、誰にでも分かるような言葉で、適切な指示を出せるようになれ、というのも現実的ではない。

だから、スタッフの心を1つにして、共通の目標に向かって、改善を進めたいなら、やるべきなのは「言葉」の定義の統一だ。145ページでも紹介したが、例えば、「テーブルをきれいに拭く」という言葉は、「布巾をテーブル上で左右に4回往復させること」と決めてしまうこと。そうすればコミュニケーションは随分とスムーズになる。

そして大切なのは、目標として追う数値を1つに絞ることだ。

例えば、サイゼリヤの経営理念は「人のために・正しく・仲良く」というもの。人とはお客様のことで、この理念のもと、「客数増」を追求している。

組織として追求する数値が決まれば、全スタッフはその目標数値を高めるために仕事をすることになる。例えば、店舗スタッフは客数を増やすために店の掃除をし、仕入れ担当者は客数を増やすために仕入れをするのだ。それぞれの担当者が目標のために具体的に何をするのかは、経営者や幹部が「翻訳」して伝えなければならない。

目標として追う数値は時々、変えてもかまわない。例えば、「営業利益」でもよいし、アンケートを集めたいなら、アンケート結果の回収数というのでもよいだろう。ただし、追う数値は1つに絞ること。2つや3つに増やすべきではない。人間は一度に、いくつもの目標を追えるほど器用ではないからだ。

たった1つの数値を仲間と追うことの凄さを理解できる好例が、サッカーの日本代表チームだ。点を取るというたった1つの目標のために、感覚的に行動しながら、お互いに協力し、助け合っている。得点を入れた選手は自分の手柄におごらず、仲間への感謝の言葉を必ず試合後のインタビューで話す。

これはたった1つの数値を追うことに、徹底的に集中することで、全員の意識が高まっていくためだ、と私は思う。たった1つの目標に全神経を集中するから、それぞれ、自分が何をすべきか見えてくるのだ。

第4章

逆境を乗り越える

苦しいときこそチャンスである

物事を前向きにとらえる

長い目で見れば、日本はより豊かな社会になっていくはずで、生活の豊かさを反映する外食産業の未来も明るいと思っている。しかし、そうは言っても、長引く不況や消費者の節約志向に悩まされている経営者や店長が多いのも事実だろう。

こんな時こそ、否定的に物事を考えるのではなく、前向きに物事を考えるしかない。今、手もとにある人材や店の立地は、自分が手に入れられる最高のものだと思ってみること。それが突破口になるからだ。私がそう考えるようになったのは、母のおかげだった。

サイゼリヤの1号店を千葉県市川市に出したのは、ただの偶然に過ぎなかった。まだ私は20代前半で大学生。商売をしていた父が知り合いの紹介で見つけてきた物件だった。最寄りの駅はJR本八幡駅で、父から「八幡」という地名を聞かされたときは、九州で店をやれというのか、と驚いたのを覚えている。

店をオープンした後、私は安くて良い食材を仕入れるために、毎日、朝一番で市場に通う生活を始めた。まだ、クルマもトラックも持っていなかったので、アメ横の問屋街まで電車で出掛けて、乾物類やチーズ、パスタなどを買って、リュックにしょって店まで運んだりもしていた。

私が創業期から、市場や問屋街で直接買い付けることにこだわったのは、学生時代に青果市場でアルバイトをしていた経験からだ。なぜか上司から見込まれて、「競り」を手伝ったりしていた。そのときに、同じ時期に同じ場所に入荷される野菜でも、随分と品質が違うことに気が付いた。

食材はできるだけ供給元に近いところから手に入れなければならない――。そう知った私は、青果はもちろん、食肉や鮮魚でも市場の人と仲良くなって、朝一番に市場や業者さんの倉庫に通うようにした。朝一番にこだわったのは、良い食材を自分の目で自由に選べるからだ。倉庫でいろいろな肉を見ていると、同じバラ肉でも、ステーキや焼き肉、あるいは豚の角煮とそれぞれに、適した肉が異なることにも気付かされた。

と、そこまでは良い話なのだが、「安くて良い食材を使って、おいしいものを提供すれば店は繁盛する」はずなのに、店はまったくはやらなかった。あげくの果てには火事に見舞われた。お客同士のけんかで石油ストーブが倒れ、店が燃えてしまったのだ。

以前もお話しした通り、店を再開するかで随分迷ったが、少なくとも再開するなら場所は別のところにすべきだとは思っていた。最初の店は、青果店の2階で人目につきにくいという「悪立地」の店だ。おまけに火事で燃えてしまったのだから、「この場所で店はやるな」という神の啓示だとさえ、私は思っていた。ところが母は驚くべきことに「あの場所（＝火事に遭った店）はお前にとって最高の場所だから、もう一度、同じ所で頑張りなさい」と私を諭した。

お客が来ないことを立地のせいにしないで、ひたむきに努力することが最高の経験になると、母は教えてくれたのだと思う。

後から気付いたことだが、そもそも立地の「いい」「悪い」は何をもって決めるのか、ということでもある。お客が来ないから、その立地は悪いというのは、言葉は悪いが、お客が来るように努力することを諦めているようなものだ。商売というのは、立地が

悪ければ悪いなりに努力して、その結果、努力が報われて、お客が来てくれるから楽しいと思えるようでなければならない。

もしも、そう感じないなら、問題があるのは「立地」ではなく、「商売への姿勢」だ。母の真意にすぐに気が付いたわけではなかったが、ともかく私は、八百屋の2階という悪立地にどうやってお客を引き寄せようか必死に考えることにした。最終的には、メニューの価格を相場の7割引きにまで引き下げた。パスタの価格は150～200円。ラーメンより安い。作業量を考えると、パスタがラーメンよりも値段が高いのはおかしいと私は思っていたが、その狙いは当たった。客数は1日20人から一挙に1日600～800人にまで増えた。店舗面積は17坪・38席だったので、1日20回転だ。

もしも、あの火事をきっかけに店を移転していたら、これほどの値引きをする必要はなかったかもしれない。しかし、その場合には、今のサイゼリヤも存在しなかったはずだ。

もちろん、私の経験のように上手くいくとは限らないだろう。それでも「立地」や「人材」、「経済情勢」のように、自分では変えられない条件に捉われすぎるのは、太陽が地球の周りを回っていると勘違いしていた昔の世界観「天動説」と同じだと思う。

これでは物事を正しく見られない。変えられない条件に捉われずに意思決定をするには、今の自店の状態は自分にとって最高の状態だと捉えること。あとは、「どうすれば、この店にもっとお客が来てくれるのか」だけを集中して考えれば、効果的な対策を見つけやすいはずだ。

他店をライバル視するのは意味がない

自店の料理をおいしいと思った瞬間から進歩はなくなってしまう。常にこれ以上のものはないと思って、お客様に料理をお出しする。でも、提供した直後からは、もっとおいしいものは出せないかと、また考え始める。その繰り返しが飲食店のあるべき姿だと思っている。

この世界は常により良い方向へ、より高度な調和へと変化をし続けている。これ以上は考えられないというほどの先進的な製品が開発されても、しばらくするとそれを凌駕する性能の新製品が必ず開発される。これで良いと満足してしまったら、必ず自分を追い越すものが現れる。満足した瞬間から、衰退が始まるのだ。

因果応報ではないが、すべての物事はそれぞれに関連がある。だから、逆に言えば、良い方向に変化するには、すべてが良くなるように行動しなければならない。経営で言えば、「お客様」「従業員」「会社」のすべてにとって良くなることを考えることが大切だ。

商売とは社会貢献であり、もしもお客様がどんどん減って社会に貢献ができなくなったなら、サイゼリヤも潰れてしまった方が良いとさえ思う。社員たちも一時的に雇用を失って辛いかもしれないが、別の会社で世の中の役に立ったほうがいい。

そう考えると、周囲の店に対抗意識を燃やし、ライバル視するのは無意味だと分かるだろう。大切なのは、どうやって自分たちが社会に貢献するかだ。もしも、隣に競合店ができて、お客様の数が減ったなら、「価格」「商品」「サービス」のいずれかで、至らない点があったと反省すれば良いだけで、勝つとか負けるとかいう問題ではない。

それでも周囲の店が気になって仕方ないのは、よく似たものを売る「同質化競争」になっているためだろう。お客様に喜ばれる独自の商品を提供するという理念があれば、他社の動向は気にならないし、他社とは違う商品ができる。それが差別化につながるのだ。

イタリア料理店「サイゼリヤ」は、おいしいワインとそれに合う料理に満足していただき、家族や友人とのコミュニケーションを楽しんでいただく場を日本に作りたいという「考え方」に基づいて作られている。

見た目がよく似た商品を作ることはできても、考え方をまねることはできない。仮に「サイゼリヤ」の隣に競合店ができて、当店の商品より価格が安かったとしても、料理の作り方も提供方法も違う。私たちのお客様が激減するとは考えにくい。

もっと分かりやすい話をすれば、ディズニーランドの隣にほかの遊園地が出来たとして、ディズニーランドのお客を奪えるだろうか？

それは至難の技だ。ディズニーランドでは、「儲ける」ことよりも、お客様に喜んでもらいたい、楽しんでもらいたいという「考え方」が優先されている。その考え方が従業員に浸透しているから、多くのリピーターを生んだ。他が追随できるものではない。

余談だが、私が創業にあたってイタリア料理の店を選んだ理由の1つは、近所にトンカツ店や焼き肉店はあったが、イタリア料理店がなかったからだ。周囲の店とは仲良くしたかったし、ほかの店と同じことをしても面白くないと思った。

そんな私が注目し続けているのが、「朝食」だ。試行錯誤を続けている段階だが、全国に1万店を出せるようなファストフードの新業態開発にサイゼリヤは取り組んでいる。全国に1万店を出店するには、商圏は小さい代わりに、お客の来店頻度が高い店でなければならない。

朝食といえば、ご飯やパン、味噌汁、タマゴ、ハム、ソーセージ、チーズ、納豆、海苔などシンプルな味で、便利、簡単、ヘルシーな料理だ。同じものを食べても食べ飽きない。だから、ファストフードの商品は朝食のようなものでなければならないと思っている。こってりとしたディナーの料理を朝食で食べるのは辛いが、朝食で提供されるような料理はディナーにもなる。

意外に思うかもしれないが、日本はファストフードの店がまだまだ少ない。米国には「マクドナルド」以外にも「バーガーキング」や「サブウェイ」、「タコベル」といった世界に名だたるファストフードのチェーンがある。日本にも進出しているが、店数が米国とはまるで違う。

一方、日本で店数が多いのはコンビニエンスストアだ。日常食全般を売っているが、ハンバーガーの品揃えだけ少ないのは、マクドナルドが頑張っているからだと思う。つまり、やりよう次第でファストフードにはまだまだ市場がある。

先日、私は米国でファストフード店を視察してきたが、朝食の時間帯から満席になっていた。朝食から外食するのは、女性の社会進出に伴う世界的な傾向だ。日本は欧米とは違う、と考える人もいるかもしれないが、私はそう思わない。日本以外の国々で起きている現象は、必ず、日本でも起きると思う。同じ人間なのだから。

在庫回転率を見て「死に筋」を排除せよ

私たち飲食店のあらゆる仕事は、すべてお客様のために行われている。作業の効率化や標準化にサイゼリヤが力を注いできたのも、すべてはお客様にいつも同じ品質の料理を提供し、喜んでいただくためだ。しかし、そうした努力を台無しにしてしまいかねないほど、お客様に迷惑をかけてしまうのが、品切れ・欠品だ。

「あの料理を食べよう」と思ってわざわざ店に来てくださったお客様をこれほどがっかりさせることはない。だから、食材の発注作業はとても重要で、経営者や店長など、その店で一番能力が高い人間が必ず担当し、適切な在庫を確保しなければならない。

しかし一方で、過剰な在庫を持ってしまうとロスが生じて、収益を圧迫する。適正な利益を確保できないというのも中長期で考えれば、お客様に迷惑をかけてしまう。これも避けなければならない。

「商品在庫回転日数」をもとに売れない商品は排除する

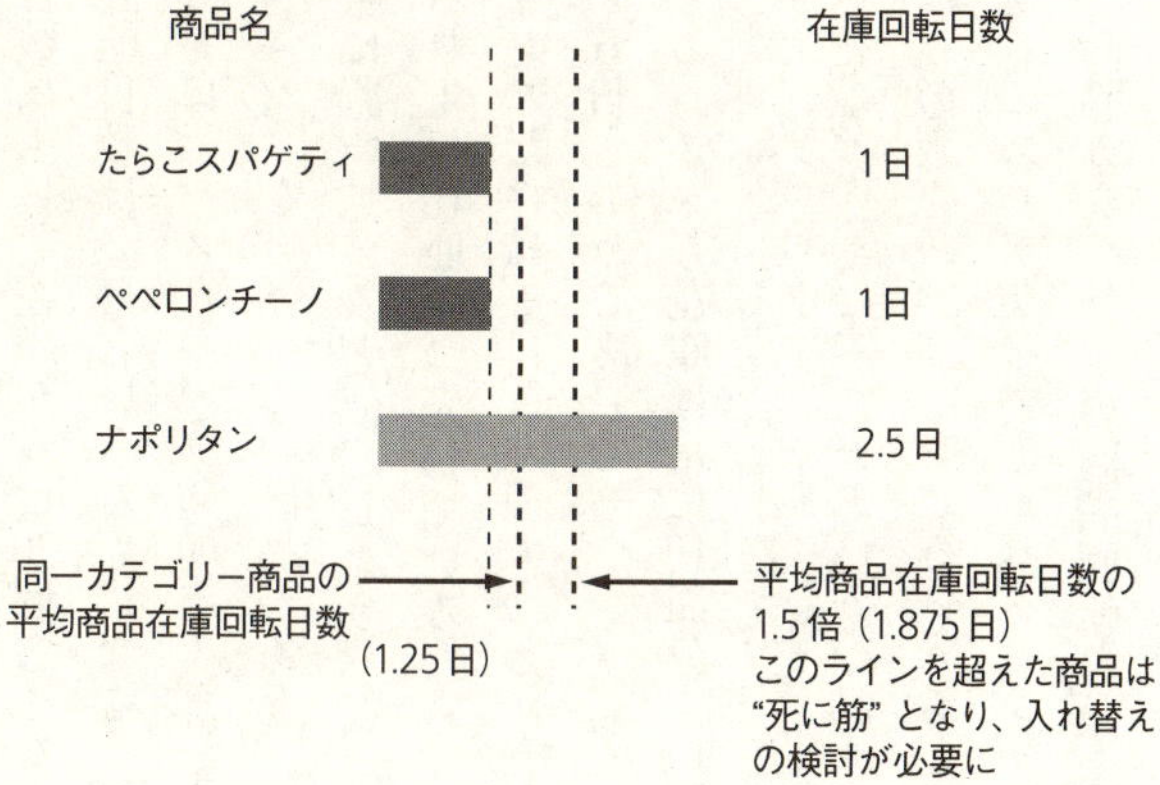

問題は、普段は売れない商品が突然、一時的によく売れてしまうことだ。商圏が広くなればなるほど、そうした事態は起こりやすい。かと言って、品切れ・欠品を防ごうとすれば、在庫が増えてしまう。

適正な在庫を持つために、チェーンストア理論では、ある品種（商品カテゴリー）の平均商品在庫回転日数より１・５倍以上、数値が高くなる商品を「死に筋」と呼び、ほかの商品と入れ替えるのを原則としている。

商品回転日数とは、簡単に言えば、手持ちの在庫を何日で売り切るかということ。毎日、10個売れる商品の在庫が常に10個なら、在庫は1日で全部売れるので、商品回転日数は1日。在庫が常に20個あるなら、商品が全部売れるのに2日掛かるので、商品回転日数は2日ということになる。

例えば、パスタという商品カテゴリーに「たらこスパゲティ」「ペペロンチーノ」「ナポリタン」という3つの商品があり、3つの商品はどれも常に10皿分ずつ商品の在庫を店に置いていると仮定しよう。「たらこスパゲティ」と「ペペロンチーノ」が、それぞれ1日10皿ずつ売れているなら、どちらも商品回転日数は1日だ。一方、「ナポリタン」だけは1日に4皿ずつしか売れなかったとしよう。こちらの商品回転日数は2・5日ということになる。

どのパスタも在庫は常に10皿分ずつ用意しているので、パスタの在庫の合計は30皿分だ。「たらこスパゲティ」と「ペペロンチーノ」「ナポリタン」は合計で1日24皿売れている。ゆえにパスタという商品カテゴリーの商品回転日数は「在庫30皿分÷1日あたりの販売数24皿」という式から、1・25日と分かる。

「たらこスパゲティ」と「ペペロンチーノ」の商品回転日数は1日なので、パスタという商品カテゴリーの商品回転日数を下回り問題はない。一方、「ナポリタン」の商品回転日数は2・5日。これはパスタ全体の商品回転日数1・25日の1・5倍である

1・875日を大幅に上回る。「ナポリタン」は「死に筋」となり、商品入れ替えの検討が必要になるというわけだ。

もっとも、**飲食店の場合、売れない商品を一律にやめてしまって良いとはいえない。流通小売と比べて、普段売れない商品が突然売れるということがよく起こり、それを常連客が好んで注文するという傾向があるからだ。**

どんな商品をやめるかは、店の経営判断による。が、例えば、マイナーな商品で、なおかつ、ピークタイムに注文を受けると調理に時間が掛かり、ほかのお客様に迷惑を掛けるかもしれない商品はやめるべきだろう。

商品の入れ替えは難しいことだが、それでも、一定の基準を設けて、在庫が回転しない商品を切っていくという姿勢は重要だ。自然に商品数が絞られていくので、発注の精度が高まる。過剰在庫によるロスが減り、欠品が起きる可能性も減る。

そうやって、商品在庫の回転日数をもとに「死に筋」の商品を入れ替え続けると、店は「あるべき姿」になっていく。

例えば、伝統的な和食店だったのに、気がついたら肉料理の専門店のようになっていた……。としたら、それはお客様の望む姿に店が「進化」したということだ。

GMS（総合スーパー）もホームセンターもコンビニエンスストアも、元々、今の形で存在していたのではない。在庫の回転に一定の基準を設けて、商品を入れ替え続けるなかで確立されていった業態だ。これをチェーンストア理論では「フォーマット」と呼ぶ。

お客様は店を必ず、TPOS（Time＝時間、Place＝場所、Occasion＝場合、Style＝カジュアルやフォーマルなどのスタイル）で使い分ける。その用途によって、求められているものも当然、違うわけで、商品を入れ替えていくことで、店はお客様の用途により合った店になっていく。在庫の動きは、より店をよくするための大切なヒントだ。

最優先で考えるべきは「立地」

私たちが飲食店を営む目的は、**お客様に喜んでもらうこと。そして、また来ていただくことだ。**

しかし、難しいもので、店側が喜んでいただいていると安心した途端に、なぜか足が遠のき始めるというのがお客様だ。店の売り上げも比例して下がる。

では、なぜお客様は来なくなるのか？ 安心すると、店側の注意力が散漫になるのかもしれないが、本当のところ、その理由は私にも、よく分からない。ただ、はっきりと言えることは、**お客様の数が減ったときに、今までと同じことをしていても、お客様は戻ってはこない**ということだ。これは、見方を変えるとチャンスでもある。

なぜなら、何事も上手くいっているうちは、何かを変えて、新しいことに挑戦するのが難しいためだ。こうした人間の習性は、「慣性の法則」によく似ている。ある方向に動いている物体は、新たな力を加えられない限り、一定のスピードで、一定の方向にずっと動き続けるという物理の法則だ。何も起きなければ、ずっと同じことをしていたいのが、人間なのではないだろうか。

その私たちを、新しいことに挑戦せざるを得ない状況に導くのが、実はお客様が減るというピンチなわけだ。そう考えると、**「お客様が来なくなるから、何かを変えられる」のであって、さらに言えば、「お客様が来なくなるのは、以前よりお客様がもっと来る店に変えるため」とも言えると私は思う。**

では、具体的に何を変えていくべきなのだろうか。無論、人材やサービスの充実も大切だが、**一番影響力があるのは「立地」で、その次が「商品」だ、と私は思っている。**立地を変えろと言われても簡単なことではないのは、分かっている。しかし、私がチェーンとして様々な場所に店を出してきた経験から言えることは、同じ商品・サービスの店でも立地によって、業績に大きな差が開くという事実だ。こうした考え方があるのを知っておくのは、悪い話ではないと思う。

同じ場所なのに、店の立地環境は絶えず変化している。店の周辺に新しいショッピングセンター（SC）ができたとか、バスの停留所がなくなった、といった形で環境は変わる。さらに、入居する建物自体も床や空調、下水道といった設備の老朽化が進んでいる。ロードサイドなら、以前はファミリー客が多かったが、最近は1人か2人のお客が多くなっている。店内のレイアウトを変更し、ファミリー向けではなく、少人数向けのテーブルを増やすといったことも必要だ。駐車場も収容台数を大幅に増やす必要があるかもしれない。

こうした一見、細かいことが、実は、集客に大きな影響を与えている。設備の老朽化などは、取り替えれば、何とかなる場合もあるだろうが、「立地」に関わる事柄の多くは、自店ではどうにもならないものだ。できれば、より恵まれた立地に移転すべきで、大手チェーンが店のスクラップ・アンド・ビルトを繰り返すのも、まさに、それが理由だ。

変えるべき優先度では、「立地」の次が「商品」。大切なのは、お客様にとって、商品がお値打ちかどうかということに尽きる。

例えば、ランチならコーヒーを付けたり、ご飯のおかわりを自由にするといった、既存の商品を組み合わせて魅力を高めるコーディネートの工夫もできるだろう。どこよりも良い商品だと自分が思えるメニューを必ず1つは用意するのも当然だ。

次々に新しい店ができるのだから、何もしなければお値打ち感は薄れていかざるを得ない。もっとも、飲食店同士の競争は、基本的な商売の仕組みが一緒なので、相手にできることはこちらにもできる、という点でまだマシだ。

むしろ注意すべきは、コンビニの弁当やスーパーの惣菜で、彼らとお客様の胃袋の奪い合いをしていることを意識しなければならない。では、全く商売の仕組みが違うコンビニやスーパーとどう対峙すべきなのか。ここでも大切なのは、お値打ち感だ。

例えば、コンビニの500円の弁当と、自店の1000円のランチを比べて、「また食べたい」と思わせる魅力が、自店の料理にあるかどうかを真剣に考えるべきだろう。

料理で差がつくのは、「アロマ（食前の香り）」「テイスト（味）」「フレーバー（食後の香り）」の3つ。サイゼリヤなら新鮮な牛乳を使うといったことで、香りを引き出している。

コンビニやスーパーと胃袋の奪い合いをしているといっても、何もすべての食事の機会で自店を利用してもらおうと考える必要はない。彼らが提供する弁当や惣菜類を食べ飽きたら、自店を利用してもらおうくらいのスタンスで十分だ。

だから、飲食店の経営者ならコンビニやスーパーの弁当や惣菜を一度、食べ飽きるほど毎食、食べてみるべきだろう。その後に、どんな料理を食べたいかと考えてみることが、立派な「中食」への対策になるはずだ。

「失敗」と「成功」は同じこと

教育とは社員に「知識」を与え、「経験」を積ませることだ。

それには、カネも時間も必要になる。だから、十分な利益がなければ、十分な従業員教育はできない。

しかし不思議なもので、順調に業績を伸ばす状態が続くと、言われたことだけをやっていれば給料が貰えると考える社員が増えていく。だから、時流が変わったときに、変化に対応できる人材が育っていないということがよく起きる。

では、どうすれば変化に対応できる人材が育つのか？　今回はそれを考えてみたい。

チェーンストア理論では、人材育成に10年、20年をかけて、現場での経験を積ませ、知識も与えていく。

計画的な人事異動も教育という意味で欠かせない。

これらの過程ではＯＪＴや集合研修も大切だが、**一番大切なのは、「なぜ、そうしたことが起きているのか？」と物事を考えるだけでなく、「なぜ自分はそう思うのか？」ということまで、考え抜けるようになる習慣を身に付けてもらうことだ。**

例えば、店長から見て、怠けることばかり考えているスタッフがいるとしよう。普通に考えれば、働く気がないから迷惑だ↓腹が立つ↓辞めてもらおう、と考えるはずだ。

ところが、「なぜ自分はそう思うのか？」という考え方を身に付けられると、働く気がないから迷惑だ↓腹が立つ↓でも、何で自分は腹を立てているのだろう？　と考えられる。その結果、腹を立てるのは自分にも怠けたいという気持ちがあるからではないか？　といったことまで考えられるはずだ。そうなれば、自分がもっと率先して働くことで、みんなの手本になれば、怠けているスタッフも改心してくれるのでは、という全く違う解決策が浮かんでくるかもしれないわけだ。

これは極端な例かもしれないが、考え方を変えると、随分と、結論も違ってくることが分かるだろう。少なくとも、こうした考え方ができるようになれば、Ａ店は〇〇、Ｂ店は△△という取り組みをして絶好調だから、どちらもすぐに真似をしようなどとは考えないようになる。表面的に物を見るのではなく、A店やB店が好調な理由を、その本質から分析できるようになるためだ。

こうした力は、時流が変化し、商売のあり方を根本から見直さなければならないときに、きっと役立つはずだ。

なお、そうした人を育てるうえでは大切な前提条件がある。**それは「仕事」の内容と、その「評価」、「報酬」、「教育」の4つがリンクしていることだ。人はきちんと評価されるから、仕事を楽しいと感じるのだし、評価が上がれば、その分、報酬も上げなければならない。**

しかし、既存店というものは、長期的に見れば、競合店の増加などで、必ず、売り上げが減っていく。つまり、同じ評価基準のままだと、報酬を増やすための原資は、確実に枯渇していく。そこで重要になってくるのが、**仕事の流れ全体を変えて、生産性を高める工夫への評価を徐々に上げていくことだ。**これを私は「評価尺度変更計画」と呼んでいる。

もっとも、いろいろな工夫に挑戦すれば、上手くいかない取り組みもあるだろう。そこで大切なのが、「失敗」というものの捉え方だ。

私はいわゆる「失敗」というものは、ビジネスに存在しないと思っている。

なぜなら、当社の場合、その存在理由は、おいしいイタリア料理で、世の中をより幸せにするということにある。誰もがそのために働いているわけだが、そう捉えると、既存店で、お客様が減ること（客数減）さえ、より良く変化するために起きることで、何も悪いことではないと気付く。お客が減らなければ、今までのやり方を変えようとは、誰も思わない。しかし、変わらなければ、より良くなることは永遠にできない。

だから、客数減はより良くなるチャンスで、何も悪いことではない。失敗もそれと同じで、私は、失敗は次の成功のためにあると思う。そして、成功とはその状態をやめる理由がないだけということだ。そして、いわゆる「失敗」と「成功」は、みんなを幸せにしようと頑張っているという意味では同じことだ。

こうした考え方に立っていれば、言われたことだけをやるのではなく、どうすれば社会のために、店を会社をより良くできるかを考える人材は格段に増えると私は思う。

さて最後に、別の角度から人材育成について付け加えたい。自社が社員に十分な教育をしているかどうかは、ある日突然、自社が潰れても、従業員たちが、他社で今より、高い給料をもらって活躍できるだろうか、と想像してみることで分かると私は思う。

もしも、他社で十分な給料がもらえないと感じるなら、もらえるように知識と経験を与えることだ。他社でも通用するような人材に育つ人は、自社でもきっと大活躍してくれるだろう。

商売は楽しむもの

商売はやっている本人が楽しくなければならない。そうでなければ、続かないからだ。そろばんが合う限り、経営目標というものは、ある意味、自己満足でかまわない。だから、商売を楽しむことを考えるべきだろう。では、商売が楽しいのは、どんなときか？　私は、自店にしかできない何かをできるようになることで、「どうだい。すごいだろう」と心のうちで思えるときだと思う。例えば、安いものを安く売っても当たり前。高品質なものを安く売るから、誇らしい気分になれる。それが「誇り」を持つということで、商売が楽しくなる。そして、**さらに言えば、その店があることで社会がより良くなっていくと感じられるときが、一番楽しいのではないだろうか。**あらためて、そう考えたのは、先日、大学の医学部で心臓病や糖尿病の研究をしている先生方がサイゼリヤの料理に関心を持って訪ねてきてくださったことだった。

オリーブオイルを多用する南イタリアの食事は、地中海型食事（地中海型ダイエット）と呼ばれ、糖尿病への対策やダイエットに効果的なことが注目されている。それは高齢化社会においては、多くの人たちの食事に適しているということでもある。

オリーブオイルは油といっても、動物性の油と違って、オリーブの実を絞ったジュースとも言えるものだ。動脈硬化を予防する働きを持つオレイン酸やビタミンE、ポリフェノールといった栄養分を豊富に含む。イタリア料理店であるサイゼリヤも当然、オリーブオイルを多用している。

和食文化では、南イタリアの食事のように油を料理に掛けたりはしない。そんなお国柄の中で半分近くのメニューに何らかの形でオリーブオイルを使っている。その点が日本人の健康に大いに貢献しているとほめていただいた。ありがたいことだと思う。

これから日本発で、オリーブオイルを使った料理を世界へと広めていきたいと思っているが、日本でもやりたいことは、まだまだある。パスタに低カロリーというイメージは無いだろうが、南イタリアで好まれるある種のパスタは、ほかの主食類より太りにくいという研究結果もある。サイゼリヤは、新規事業としてファストフードへの進出を検討しているが、そこでもトマトを使ったパスタに、オリーブオイルをたっぷり掛けて、さっとランチで食べられるような店を作りたいと私自身は構想中だ。

40年前にはほとんど日本で知られていなかったオリーブオイルに初めて関心を持ったのは、創業期にワインを調べたことがきっかけだった。ドリンクを含めた食品の中で、一番高い値段で売れるものは何だろう？　と考えていた私は、ワインこそが一番値段が高くても売れているものだということに気が付いた。

高くてもよく売れるということは、それだけ魅力があるということだ。そのワインの味を研究してみると、「苦味」「酸味」「渋み」という3要素を持つことに気が付いた。不思議なもので「苦味」「酸味」「渋み」を持つ食べ物は、その味に慣れるとおいしいと感じるようになる。オリーブオイルも同じだ。オリーブの木は樹齢がとても長く生命力がある。なんと、樹齢4000年という木もあるほどで、寒暖の差が激しく、土地がやせているところほど、味に深みがあるものが採れる。サイゼリヤではソレント半島という地域で採れる「エキストラ・バージンオリーブオイル」を使っている。

オリーブオイルが日本でなかなか広まらなかった理由の1つは、在庫として置きっぱなしにしておくと、酸化して味が変わってしまうためだった。何とか、お客様に本場のおいしいオリーブオイルを知ってほしかったが、サイゼリヤが、この問題を解決

ている。

できたのは、チェーンになって大量にオリーブオイルを使うことで、常にフレッシュなものを提供できるようになってからのことだ。実現まで創業から25年以上も掛かった。

オリーブオイルだけでなく、ペコリーノ（羊のチーズ）やバッファローモツァレラ（水牛のチーズ）でも、時間は掛かったが、高品質で健康に良いものを、日本で一番安く提供していると自負している。それが私とサイゼリヤ従業員の誇りだが、高品質・低価格の両立を可能にしているのは、チェーン化して店数を増やしてきたからこそだった。

と、ここまでの話だとチェーンにならなければ、社会のためにならないように思われるかもしれないが、そうではない。チェーンは、みんなを喜ばせる仕組みだが、逆に客層を絞って、お客様を選ぶことができない。

個店ならば、地元の市場から特別なルートで珍しい食材を仕入れるとか、ユニークなサービスなどで、客層を絞るべきだろう。チェーンや周囲のライバル店にはマネできないことをすれば、それはすごいことであり、「誇り」になる。客数も増えるだろうし、商売は楽しくなるはずだ。

「快適さ・清潔さ」とコストのバランスが必要だ

提供する料理以外に、店づくりで大切なのは①「便利さ」、②「快適さ」、③「クレンリネス（清潔さ）」の3つだと考えている。

①「便利さ」には色々とあって、もともとファミリーレストランが躍進した理由は、家族客が1年に1回くらいしか食べられなかったホテルの高級な料理を、割安な価格と郊外への出店で、2〜3カ月に1回くらいの頻度で食べられるようにしたことにあった。

コンビニエンスストアの便利さは、勤務先や自宅の近くにあって、いつでも行けることだ。そのうえ、弁当や総菜など食品の品ぞろえも充実しているので、文字通り便利だ。

②「快適さ」とは、その店を利用しているときに、心地良く過ごせるかどうかだ。

ただし、朝、昼、夜で、食べたいと感じるものが誰でも違うのと同じように、心地良いと感じる店の雰囲気も違う。

「サイゼリヤ」のようにランチ営業もするテーブルレストランでは、昼と夜の両方で、心地良い雰囲気を作らなければならないので、その分だけ、店の内装にはおカネも掛かる。その点、面白いのがファストフード。スナック（軽食）という朝、昼、夜のどの時間帯にも需要がある一方で、どの時間帯でも、スナックを食べるときに求められる「快適さ」は同じ。従って、設備投資も抑えることができる。この投資コストの低さこそが、ファストフードが提供する商品の価格が安い一因だ。

③「クレンリネス」は、「快適さ」と同じに感じるかもしれないが、あえて分けて考えている。海外展開も視野に入れると、衛生事情は国による差が大きい。国によっては、「快適さ」と「クレンリネス」は両立できないためだ。

なお、アジア諸国に進出した日本のコンビニが、近隣の昔ながらの屋台より、はるかに高い価格で食品を売りながら、よく売れている一因は「クレンリネス」にあると私は考えている。「クレンリネス」が与える安心感には、それだけの魅力がある。言うまでもないが、飲食店にとって、「クレンリネス」は基本中の基本だ。ただし、この「快適さ」と「クレンリネス」には、過剰な投資をしてしまう危険性があるので、注意が必要だ。

店を潰さないために必ず意識しなければならないのが、「ROA（総資産利益率）」だ。ROAとは「利益÷総資産（総資本）」のこと。利益は店段階の営業利益、総資産は出店に要した総投資額に置き換えて考える。この指標で、20％以上を目指したい。

そこから、「快適さ」や「クレンリネス」を追求するために、いくらまでなら投資できるかを、逆算して考えるようにすべきだ。逆に言えば、20％以上という数値目標の達成を危うくするのなら、過剰投資や経費の使い過ぎということになる。先の「数式」にもあるように、ROAを20％以上にするためには、店舗に投資した金額の2倍以上の年商を確保すること。それに加えて、売上高営業利益率も10％以上にしなければならない。数値目標を達成するには前者で投資額を、後者では人件費を抑えることが必要だ。

簡単に達成できる数値ではないのは分かっているが、この水準の利益を目指し、確保できる仕組みを作らないと、チェーン店でも、個人経営の店でも長続きしないというのが、私の持論だ。

自店の料理がおいしいから、順調に店数を増やせる、繁盛店であり続けていると考える経営者がいるとすれば、それは誤解だと私は思う。本人も気が付かないうちに、前述の「数式」を満たしているはずで、常に数値目標を達成できる「仕組み」を作ることこそが、経営者の仕事だろう。

そもそも「快適さ」や「クレンリネス」は、お金を過剰に掛けなくても、満たすことができる。ポイントの一つは、自店の利用動機をはっきりと意識することだ。例えば、ファストフードなら、10～20分疲れずに座れるイスで問題ない。それ以上、ゆっくり食べたら、出来たての料理が冷めてしまうだけ。一方、レストランならゆっくり食事を楽しんでもらうために、3時間くらいは疲れずに座れるイスが必要になるだろう。しかし、オフィスで使うような9時間も座れるイスは不要で、価格も高いから、過剰投資となるわけだ。

なお、「掃除」という作業も人件費の発生要因。店内を清潔な状態に保つことは当然だが、掃除に過剰な時間を使わないためには、汚れが目立たない床にするといった工夫も有効だ。

あくまで仮説だが、例えば、道路がアスファルトの色なのは、ホコリの色と同じにすることで、汚れを目立たせないための工夫ではないか、と私は思っている。もしも、道路が白色なら汚れが目立って仕方がないはず。これは一例だが、人類はずっと、快適で清潔感のある空間を効率的に維持する方法を探してきた。その知恵から学べる部分も多いと思っている。

第5章

ずっと
繁盛する店に
なるために

理念と目標と組織づくり

運搬による食材の劣化に気をつけろ

飲食店が、多店舗化に成功するかどうか――。その大きな分かれ目は、「セントラルキッチン」を作った後に訪れる、と私は思っている。私がセントラルキッチンを持ったのは、店数が3店になったときだった。店舗総面積が150坪もある居抜きの物件だが、客席の一部が取り壊されていたので、店全体の中で、厨房スペースの占める比率がやたらと高い店になっていた。そこで私は、セントラルキッチンとして、この店を活用することを思い立った。

セントラルキッチンを作り、そこから2つの店に下準備を済ませた食材（半加工品）を運ぶようになって気がついたのは、運搬による質の劣化だ。運搬といっても、ほかの2店は、駅を挟んで反対側の商店街と、隣の駅から歩いてすぐの所にあり、セントラルキッチンがある店から離れていない。それでも、私の考えるベストの状態からは、ほど遠い状態に食材の質が低下してしまう。

このときに気がついたのが、セントラルキッチンから各店舗に運搬する間の「温度」と「湿度」、「経過時間」、「振動」の4つが、どれほど食材に良くない影響を与えるかだった。例えば、ピザの生地は、たった15分間の移動で、イースト菌のため膨張し、ピザ生地が入っているケースのフタを押し開けてしまうことさえあった。

生産現場から、最終的に消費する場所まで品質を維持することが、いかに大事か。その分かりやすい例が、鮮度管理にこだわって、大ヒットしたアサヒビールの「スーパードライ」だろう。手を変え、品を変えながら、ヒット商品作りを狙うというのが、どの業界でも一般的だが、品質を維持するという基本的な部分でこそ、差が付くという典型例だ。

それは外食業界でも同じで、セントラルキッチンをせっかく作ったのに、その後、伸び悩む店というのは、この「運搬」による質の劣化に気が付いていないことが多いのではないだろうか。チェーンの料理に味のブレがあれば、お客様は一番低いレベルの店を基準にチェーン全体を評価するものだ。それでは店数を増やせない。

もっとも、当時の私も問題点に気が付きながら、有効な対策を打てなかった。動き出したのは、店数が十数店舗になった頃。ひらめいたのは、食品メーカーの工場を活用することだった。ある食品業界の大企業に、当社専用のプライベートブランド（PB）として、ソースやドレッシングの製造を依頼した。品質がブレたり、運搬時に劣化することがないようにするノウハウを、食品メーカーは持っているからだ。

幸い、その大手メーカーが、PBの製造を引き受けてくれたが、もしも断られたら、大手メーカーを次々にまわってお願いするつもりだった。なぜ大手メーカーにこだわったのかと言えば、優秀な技術者を数多く抱えているからだ。その優秀な人たちが、将来、サイゼリヤに転職してくれるかもしれないという期待もしていた。

後に、サイゼリヤはカミッサリー（工場）を作り、そこから店舗に加工済みの食材を送る体制に移行した。そのカミッサリーの生産体制作りに力を発揮してくれたのが、PBを作ってくれたメーカーから転職してきた人たちだった。

取引先から人材を引き抜いて良いのか、と思うかもしれないが、大企業は人材が豊富だ。そのメーカーの社長に人材を譲っていただきたいとお願いしたところ、「外食業界のためにもなりますから」と快く応じていただけた。だから、大規模なチェーンを作りたいと志すなら、できるだけ一流の大手食品メーカーと取引することを薦めたい。

セントラルキッチンとカミッサリーの違いとは、前者は「料理人」が中心であるのに対し、後者では「生産管理技術者」があらゆることを決めていく点だ。生産管理技術者とは、工程や品質管理の専門家である。彼らは製造段階から、その先に起きるであろう運搬時の劣化なども考慮に入れて製品を同じ品質で大量に作るノウハウを持つ。

こうして当社は、セントラルキッチン→メーカーの工場活用→カミッサリーという段階を踏んで、どの店舗で提供する料理も同一の品質にすることを追求してきた。ほかの大規模チェーンの中には、セントラルキッチンやメーカーの工場を活用する手法で、伸びたところもある。**どんな手法で、品質のブレを抑えるかに唯一の答えは無く、そのチェーンの考え方次第という側面が強い。**

サイゼリヤの変遷を説明すると、節目ごとにそつなく、生産体制を整備してきたように聞こえるかもしれないが、それは結果論に過ぎない。**たくさん失敗してきたし、それでいいと思っている。私は人との出会いは、すべて「最高の出会い」で、起きることは良いことも悪いことも、「最高の出来事」だと考えてきた。だから、失敗しても、次の挑戦ができる。みなさんにも、たくさん失敗することをお薦めしたい。**

理念は忘れるもの、だから唱え続ける

サイゼリヤの経営理念は「人のため・正しく・仲良く」だ。これは私が創業した頃の悪戦苦闘を踏まえて制定したものだ。この本でも何回か述べてきたが、最初の店は、青果店の2階で人目につきにくい場所にあり、創業からしばらくは、まったくお客様が入らなかった。

現在のサイゼリヤは、割引券の配布など、販促や広告宣伝にお金を使うくらいなら、料理の価格を値下げしたり、品質を高めたりすることで、既存のお客様に還元すべきだと考えている。だが、当時はそうした原理原則を持ってはいない。

店を宣伝するプラカードを持って歩いたり、3割引きとか5割引きとか書いた割引券を何千枚も作って街頭で配ったりもしていた。しかし、なぜかお客様は増えない。飲食店の学生アルバイト時代の仲間と始めた店で、とにかく儲けなければならないと

思っていた。でなければ、給料さえ払えない。

そんな私の転機となったのは、ある時、自分が儲けることよりも、お客様に喜んでもらうことが先なのではないか、と気が付けたことだった。

そうして実施したのが、スパゲティなど料理の価格を当時の相場の7割引きにまで値下げすること。客数は1日20人から一挙に600～800人にまで増え、行列の絶えない店に生まれ変わった。以来、「お客様に喜ばれる」＝「客数増」と捉えてきた。誤解をされると困るので付け加えるが、私は販促という行為自体を否定しているのではない。問題は、価格と品質のバランスが合っていない料理を、販促だけに頼って売ろうとしたことだ。当時の私は、自分が儲けることばかり考えていた。

世の中のあらゆることには、「原因」があって「結果」がある。そして正しい考え方で、問題点や対策を考えないと、間違った答えしか出てこない。前述のチラシを大量に配ったのに効果がなかったという私の経験も、その1つだ。

では、正しい考え方とは何かと言えば、「みんながより良くなる」ことを考えることだ。お客様に喜ばれることは当然だが、従業員や自分自身を含めて、より幸せになることを考える。人がなぜ働くのかと言えば、幸せになるためだと私は思う。そして、

自分を含めた「みんな」で幸せになることを考えなければ、人は本当の意味では幸せにはなれない。

そうした見地に立つと、物事をありのままに見ることができる可能性が格段に高まるはずだ。「みんな」のことを考えているから、自分中心に物事を考え、自分にとって都合が良い結論を導き出そうとはしない。だからこそ、客観的でより正しい経営判断ができる。

ちなみに、物事をありのままに見るように意識していると、部下や知り合い、あるいは家族の今まで気が付かなかった良い部分が見えてくる。人は誰でも自分が一番でありたいと思うから、無意識に他人のアラを探しがちだ。しかし、物事をありのままに見ることができれば、自分も周囲と同じ人間なのだから、自分と同じように良い部分をたくさん持っていることに気付く。

だから正しい考え方で、物事をありのままに見て、お客様に喜ばれ、自分たちも幸せになる——。その気持ちを「人のため・正しく・仲良く」に込めたわけだ。

そして、正しい考え方に基づく限り、何かに挑戦し、それが期待通りの結果に今の時点でならなかったとしても、それはいわゆる「失敗」ではない。うまくいかなかっ

たら、その方法を次は避ければよいだけで、「成功」に近づいていると考えるべきだ。成功は次の失敗につながり、失敗は次の成功につながる。だから、私はそもそも「成功」と「失敗」は同じことだと思っている。

もっとも、理念を実践し続けるのは難しい。あるいは、実践が難しいと分かっているから、わざわざ理念として書き記すのだ。ある程度の規模になった会社で、「お客様のため」という理念を持たないところは、多分、無いのではないだろうか。

では、「お客様のために頑張ろう」とみんなで誓い合った1時間後に、「今、お客様のために頑張ろうと考えて働いていた？」と聞いてみてほしい。きっと、「いいえ……」と答えるだろう（笑）。それほどお客様のために頑張り続けることは難しい。だからこそ、その理念をどこまで徹底できるかで差が開く。

例えば、日本での業績も絶好調のディズニーランド。大人も一緒に家族みんなで楽しめる。しかし、もともと、遊園地は子供が喜ぶところだったはずだ。ところが、1日子供に付き合うお父さんやお母さんがクタクタになるだけというのはおかしいと感じ、大人にも喜んでもらいたいと思って、みんなで徹底的に非日常を演出してきた。故に、今があるのだろうと私は思う。

サイゼリヤの従業員も「お客様のため」に頑張っているが、それを忘れる瞬間はあるだろう。でも、また思い出して頑張る。それが一番大切なことだ。

夢みたいな大きな目標を持とう

50年近くフードサービス業で働いていて、分かったことがある。

それは、**当社の中で「変わらないこと」は、経営の目的の「お客様に喜んでもらうこと」と「社員に喜んでもらうこと」という2つの考え方だけで、後はすべて変えてきているということだ。**「お客様に喜んでもらうこと」とは、お値打ちな商品を提供し続け、お客様にまた来ていただけるような店を追求することだ。そして、「社員に喜んでもらうこと」とは十分な給料や教育の提供だ。

ずっと同じなのはそれだけで、店舗の外観や内装、調理の方法、料理の味付け……。当社のほとんどをずっと変え続けてきた。例えば、調理なら最初は電子レンジもない時代で、あらゆる処理が手作業だったが、今はカミッサリー（工場）で加工した食材を店舗に送っている。そして、その加工の手法自体も日々、改善を重ねている。

変え続けてきたから、今の「サイゼリヤ」がある。**どこかの段階で満足し、変えることを止めてしまっていたら、店はダメになっていくと私は思っている。**

では、変化をためらったり、何を改善すべきか分からなかったりという状態になるのは、なぜだろうか?

それは、自店はうまくいっていると思ってしまうからではないか。**せっかくうまくいっているのに何かを変えるのは、もったいないと考えてしまうことは多い。**

しかし、社会は変化し続けている。以前、ファミリーレストランのテーブル席は4人以上で座るファミリー用の席がメインだったが、今は2人用が中心だ。ひょっとしたら10年後には1人用の席が最も多くなっているかもしれない。これは少子高齢化やライフスタイルの変容に合わせた変化だが、もしも、何十年も店内レイアウトを変えなければ、どれほどの痛手になるかは言うまでもないはずだ。

時代の変化に合わせて変え続けるためには、「大きな目標」を持つことが効果的だ。

生産性を現在の1・1~1・2倍にしたいとか、2~3倍に増やしたいというのは、個人の努力で何とかなるかもしれないレベルだ。しかし、生産性を10倍とか100倍に引き上げることを目指した瞬間に、仕事の仕組みから根本的に見直さなければならなくなる。

例えば、1店舗の店が200店舗のチェーンを目指すという「大きな目標」を掲げることも、決して夢物語とは言えない。年30％のペースで増収を続けると、企業規模は20年で200倍になる。経験則で言えば、日本を含めて世界中の有力チェーンはこのスピード感で成長してきた。20年で200倍を目指すとなると、何もかも変え続けざるを得ないわけだ。変化を続ける一方で、適正な利益も確保し続けなければならない。

何回か紹介したが、**「ROA（総資産利益率）」で20％以上を目指すこと。これが目安だ。**

では、変化への対応と利益を確保するために何をすべきかと言えば、自店より業績の良い会社や店に学ぶ「ストアコンパリゾン（競合店視察）」だ。

「これから世の中はこう変わる」と自分の頭の中だけで考えると結論が机上の空論になりがちだ。先行事例もないことにおカネを掛けるというのは投資とは呼べない。ギャンブルのようになってしまう。自店より業績が良いということは、何かが自分の店よりも時代に合っているということだ。必ず、何らかのヒントがある。

チェーン店なら自社の10倍、100倍の規模のチェーンから学ぶべきだ。我々なら世界的なチェーンのウォルマートやマクドナルド、サブウェイなどがストアコンパリゾンの対象だ。

個人店も同業で自店よりも繁盛している店から学ぶべきだし、別のフォーマット（チェーンストア理論では「業態」を意味する）も研究すべきだ。衣料チェーンの「ユニクロ」などから学べるものは多いと思う。ストアコンパリゾンで大切なのは、その店の目立った特徴に注目することではない。彼らが当たり前にやっていることにこそ注目すべきだ。ハンバーガーチェーンを視察するなら、肉を焼くとか、ジャガイモを揚げるといった難しい作業を、大学生や高校生のアルバイトがこなしているかもしれないのに、いつ食べても同じ味だということに素直に驚くべきだろう。なぜいつ食べても同じ味にできるのか？――。私の仮説では、そこに「標準化」の力がある。「標準化」とは、やってはいけないことを決めて、作業レベルの下限を設けることだ。そして、誰でもできるようになったら下限を引き上げるということを繰り返す。これで全体のレベルは向上し続ける。大切なのは、本質は何かを考え続けることだ。

変化に対応するために組織が必要

飲食店が10年、20年、あるいは100年と、ずっと繁盛し続けるためには、変わり続けなければならない。そのために必要なのが、「大きな目標」を持つことだ。そう前節で説明したが、**もう1つ、大切なことがある。それが「組織」を作ることだと私は思っている。**

消費者も社会も絶えず変化している。その中で、変化に対応するために必要なのが「組織」だからだ。

私が知る限り、50年、100年と競争に打ち勝って大きくなった企業は、例外なく組織力がその強さの源にある。そして、組織力を高めることに大変な労力を注いでいる。私たち飲食店も、組織を作るということに、もっと力を入れていいと思う。では、なぜ組織を作ると変化に対応できるのかと言えば、「分業」ができるからだ。分業は人類の偉大な知恵だ。乗用車から宇宙ロケットまで、現代の偉大な発明品はすべて分業によって、急速な進歩を遂げてきた。その偉大な力を、飲食店も生かさないのはもったいない。

商品の内容からアルバイトの教育方法、店舗の内装や立地戦略まで……。時代の変化に合わせて変え続けなければならないことは、数多くある。オーナー経営者は、それらすべてを自分一人で考えて答えを出さなければならない。

創業期には、やむを得ないことかもしれないが、店数を増やし、規模の拡大を目指すなら、それではいつか必ず限界が来る。私の経験から言うと、オーナー経営者は自分が苦手な分野について、「まあ、こんなものだろう」と、ある程度のところで変化への対応を諦めてしまいがちだからだ。それでは変化への対応が中途半端になってしまう。

だから、組織は変化が起きるスピードに応じて、その変化に対処する方法を考える担当者も分けるべきだ。具体的には、①1年以内の周期で変えていかなければならない日常業務。②10年くらいの周期で変わる立地などの中期の問題への対処。③20〜30年先を見据えた長期計画の立案、という3つだ。

分業することで、役割を分担し各分野の専門家を育てるからこそ、あらゆる部分で、変化への対応が進んで、強くなれる。

なお、ある程度の年月が過ぎ、企業規模が大きくなって、分業が確立した後は、ある分野の責任者になった人に対しては、数値目標を課すことが組織にとって大切だ。その目標に達しなかったら、ほかの人と担当を交代してもらうのもやむを得ない。「分業」で様々な分野の専門家を育てているから、担当者の交代もスムーズに進むはずだ。

もっとも、100年続くような強い組織を作るのには大変な時間が掛かるのも事実だ。私の考えでは、飲食店なら、店舗の現場作業をすべてマスターし、人に教えられるようになるのに7～10年（20代）。その日常業務の「改善案」を考えて、実施するという経験を積むことに10年（30代）。店のあり方・仕事のやり方を根本から変える「改革案」を考えて実践することに10年（40代）。その経験を積めば、20～30年先まで見据えた長期の計画を考えられるようになる（50代以上）。

前述の①～③の役割分担を各世代が果たすことで分業が成り立っているが、③の経営者の仕事を任せられる人材が育って、組織として形になるまでには、実に40～50年は掛かるというのが私の持論だ。

一方、組織には、理念に基づいて同志が集まり、社会に貢献することで、働く人たちに一度きりの人生を「良かったな」と感じてもらうために存在するという別の側面もある。だから、組織の原点は、経営理念だと言える。

当社なら「人のため・正しく・仲良く」が、それに当たる。この言葉には、「お客様に喜ばれる」＝「客数増」と捉えて、全従業員が一丸となって客数増という形で社会に貢献しようという意味が込められている。そうした経営理念を基に、他人が聞いたら驚くような大きな目標を立てる。それが「ビジョン」だ。当社なら、かつて年間の来店客数の目標を、日本の人口と同じ1億2000万人とした。それを達成した後は、中国の人口と同じ13億人の年間来店客数を目指している。そうしたビジョンの実現のために、長期・中期・短期の経営計画を立てているので、現場で「改善」や「改革」に取り組む担当者たちも、自分が何をすべきかで迷うことはなく、社内の意思疎通も進めやすい。

だから、ぜひ社会に貢献することを目指す経営理念を掲げ、それをビジョンという形で具体的なイメージにしてほしい。その実現のための長期・中期・短期の計画を立てることは、どんなタイプの飲食店にとっても、きっと役に立つと思う。

あとがきにかえて　有力経営者が語る「正垣泰彦」

ニトリホールディングス会長　似鳥昭雄

サイゼリヤ会長の正垣泰彦さんと友人になったのは、今から10年以上前のことです。私と正垣さんが所属する「ペガサスクラブ」のセミナーで、タヒチに行くことになり、飛行機の席が隣同士になったのがきっかけでした。さらにセミナーの間に3日間、宿泊先の水上バンガローで相部屋になり、親しさが増しました。ちなみに私は正垣さんより2つ年上で、2人とも50代でした。

なぜ、50代の企業経営者が高級リゾート地に行ってまで相部屋で泊まるのか、と疑問に思われるかもしれません。しかし、渥美俊一先生が主宰する「ペガサスクラブ」というところは、あえて2人で宿泊することでコミュニケーションを図り、そうすることでお互いの良い部分を吸収していこうと考えるのです。そうして、「日本の人々の暮らしを豊かにする」というロマンを実現させよう……渥美先生の教え子なら、誰もが普通に思っていることでした。

セミナーの間、昼は講義で忙しいのですが、夜は少し時間があります。夜遅くまでお互いの起業から、これまでを語り合いました。彼の話は聞いていてとても面白いと感じました。学生時代には、何事もやってみないと分からないということで、野宿をして暮らしてみたこともあったそうです。その経験から社会はいろいろな人が様々な仕事をすることで、支え合って成り立っていると実感したそうです。さらに学生のうちから商売をしていたということも聞きました。

その行動力にも驚かされました。泊まっていたのは水上バンガローで、足元はきれいな海でした。正垣さんは海底の貝が気になったそうで、泳ぎが下手だと言っていたにもかかわらず、いきなりシュノーケルをくわえて海に飛び込みました。それを見てこの人は度胸があるな、と感心したのを覚えています。

大学も理科系出身という正垣さんと、勉強嫌いを自認していた私の半生は随分違うと思っていますが、経営者としては共通点があります。その1つが自前の工場と物流を早い段階から持ち、海外にも展開していることです。

チェーンストアが製造企画の機能を持つことに、当時、渥美先生は反対でした。人

サイゼリヤの白河高原農場を見学に訪れた経営コンサルタントの渥美俊一氏（写真左・故人）と筆者。筆者が師と仰ぐ渥美氏はサイゼリヤの農業への取り組みに強い関心を持っていた

材や資金を製造部門に取られれば、それだけ店舗の展開が遅れるためです。確かに取引先に作ってと頼むのと、自前でやるのは困難さがまるで違います。

ニトリは経営難の家具メーカーを支援する形で、工場を持っていました。さらに1994年にはインドネシア、2004年にはベトナムに自社工場を、2007年には中国に物流センターを設立しました。一方の正垣さんのサイゼリヤは、2002年にオーストラリアに工場を作り、2003年6月に中国・上海に子会社を作って進出しています。お互いの立場が似ていることもあり、しばしば近況を報告し合う仲になりました。

そんな中で、改めて経営者としての正垣さんをすごいと思ったのは、その「素直さ」と「柔軟性」です。この本にも書かれていますが、サイゼリヤの中国進出は最初から順調だったわけではありません。

当時、正垣さんから中国事業が赤字で困っていると意見を求められた私は、中国の人々の収入に合わせて価格を3分の1に「値下げ」することをアドバイスしました。彼はそれをすぐに実行に移し、今では77店舗も中国に店があります。もちろん、私に言われたからやったのではなく、彼自身の中に問題意識があってのことなのでしょう。私はこれまで何百人もの経営者にアドバイスを求められ、自分なりの考えを伝えてきましたが、それを実行に移したのは、正垣さんを含めほんのひと握りです。誰だって、自分のこれまでのやり方に縛られるものですが、正垣さんにはそれがありません。それまでの経験に固執しない柔軟性を持ち合わせているからです。

「素直さ」と「柔軟性」。さらに世のため・人のために役立ちたいという「ロマン」と「ビジョン」——。これは仕事で成功する人が誰でも常に意識し続けなければならないものです。ちなみに当社、ニトリでは「ロマン」「ビジョン」「意欲」「執念」「好奇心」を成功の5原則と呼んできました。正垣さんと私が会ってすぐに打ち解けたのも、大切に思うものが重なるからかもしれません。

もちろん経営の仕組みについても、正垣さんとサイゼリヤから学ぶべき点は多々あります。私たちニトリのキャッチフレーズは「お、ねだん以上。ニトリ」ですが、外食チェーンは安くておいしいものを出すために店数を増やし、そのスケールメリットでより良いものを提供するということを繰り返します。

チェーンストアとして、規模の拡大を続けるには優秀な30代、40代の人材が主力となって会社に貢献することが欠かせません。そのためには、それ相応の給料を彼らに払う必要があります。当然、経営者なら気付いていると思いますが、そこで問題になるのが、外食を含めた流通サービス業の労働生産性の低さです。

労働分配率（＝人件費÷粗利益高×１００）はおよそ38％前後があるべき姿です。高い給料を支払うには、生産性を高め、従業員1人当たりの粗利益高を増やしていくしかないのです。店でも工場（外食ならセントラルキッチン）でも今の仕事量を半分の人数で行うような「作業改革」を今後進める必要があります。そのためには、人海戦術に頼らない仕組みづくりが必要で、サイゼリヤは外食業界の中で、明らかに先行していると思います。

これは私の個人的な見解ですが、サイゼリヤは299円の「シェフサラダ」など野菜類を、その気になれば、今の半額にできる力を持っています。ある日、サイゼリヤがサラダを150円で売り出しても驚かないように、彼らの仕事の仕方から、農業への取り組みまで、学べるものは学ぶことが大切でしょう。

さて、少子高齢化や長引く景気低迷で日本の将来に不安を感じている人も多いでしょう。しかし、景気が悪い時こそチャンスです。優秀な人材の確保もしやすく、土地、設備も安く手に入ります。そして厳しい環境こそ、社員を鍛えて技術が向上していきます。その結果、社会貢献でき成長しつづける会社になっていくのです。モノが売れなくなったと言う人もいますが、そんなことはありません。ニーズが移り変わるだけで、従来の売り方にこだわっているところが、徐々に売り上げを減らしていくだけのことです。これから何か新しいビジネスに挑む人たちにとってもチャンスは広がっていることを忘れないでほしいと思います。

似鳥　昭雄（にとり・あきお）

1944年サハリン生まれ。66年北海学園大学を卒業し、67年ニトリの前身である似鳥家具店を創業。86年社名をニトリに変更。89年札幌証券取引所に上場、93年本州に初出店。2002年東京証券取引所に上場。

本書は、2011年7月に日経BP社から刊行された『おいしいから売れるのではない売れているのがおいしい料理だ』を文庫化にあたって改題、加筆したものです。

日経ビジネス人文庫

サイゼリヤ
おいしいから売《う》れるのではない
売《う》れているのがおいしい料理《りょうり》だ

2016年8月1日 第1刷発行
2019年5月16日 第5刷

著者
正垣泰彦
しょうがき・やすひこ

発行者
金子 豊

発行所
日本経済新聞出版社
東京都千代田区大手町1-3-7 〒100-8066
電話(03)3270-0251(代) https://www.nikkeibook.com/

ブックデザイン
鈴木成一デザイン室

印刷・製本
凸版印刷

Printed in Japan ISBN978-4-532-19802-2

nbb 好評既刊

なぜリーダーは「失敗」を認められないのか

リチャード・S・テドロー
土方奈美＝訳

現実を直視できず破滅に向かう企業と、失敗を認め成功する企業の経営の違いとは。ハーバード・ビジネススクールの教授が説く教訓。

論理思考力をきたえる「読む技術」

出口 汪

文の構造を把握し、論理の流れをとらえれば、新聞でもビジネス書でも、速く正確に理解できる。人気現代文講師の、仕事に生かせる読書術。

大局観

出口治明

辺境をつくり、辺境に出でよ。人間は動物であることを知れ——。60歳でネット生命保険業を立ち上げた風雲児が語る、大局観を養う方法。

日経スペシャル ガイアの夜明け 闘う100人

テレビ東京報道局＝編

企業の命運を握る経営者、新ビジネスに賭ける起業家、再建に挑む人。人気番組「ガイアの夜明け」に登場した100人の名場面が一冊に。

日経スペシャル ガイアの夜明け 終わりなき挑戦

テレビ東京報道局＝編

茶飲料のガリバーに挑む、焼酎でブームを創る——。「ガイアの夜明け」で反響の大きかった挑戦のドラマに見る明日を生きるヒント。

nbb 好評既刊

あなたがお金で損をする本当の理由

長瀬勝彦

きちんと考えて選択した賢い買い物にこそ、意外な落とし穴が⁉ 意思決定論のプロが、損をしないための実践的知恵を伝授します。

中谷巌の「プロになるならこれをやれ！」

中谷 巌

「自らの考えを100語でまとめる力を磨け」「英語を身に付けよ」。仕事のプロを目指すビジネスパーソンへ贈る熱きメッセージ！

中野孝次 中国古典の読み方

中野孝次

人間の知恵の結晶・中国古典。著者が老年に最も愛好した中国古典の味わい深い魅力を中野流人生論として縦横に語る。

人は何を遺せるのか

中野孝次

お金では買えないもの、遺すに足るものとは何かを独断と偏見で考察。プリンシプルと気骨のある生き方をすすめる異色の生きがい論。

中部銀次郎 ゴルフの神髄

中部銀次郎

「技術を磨くことより心の内奥に深く問い続けることが大切」——。伝説のアマチュアゴルファーが遺した、珠玉のゴルフスピリット集。

nbb 好評既刊

「菜根譚」の読み方

ひろさちや

宗教評論家として名高い著者が、人生の哲理を述べた中国古典「菜根譚」をやさしく解説。組織を生き抜くための智慧がここに。

「権力」を握る人の法則

ジェフリー・フェファー
村井章子＝訳

何をすれば出世できるのか。コネと人脈作り、話術、評価のあげ方など、権力を得る術を著名教授が説く。ビジネスマン必読のベストセラー。

あの部下が動き出す聞き方・話し方

福田 健

部下を育てるのは、上司の役割。部下といかに接し、やる気にさせるか？「話し方研究」の第一人者がコミュニケーションの秘訣をやさしく解説。

藤田晋の仕事学

藤田 晋

劣等感とは思い込みにすぎない、ベテランこそアイデアを出せ──。24歳で起業し、ネット業界の第一線を走るカリスマの実践的仕事論。

外資の常識

藤巻健史

伝説のカリスマディーラーが誰も語らなかった外資企業と金融市場の素顔を明かします。ギャグ満載のデビュー作ついに文庫化。

nbb 好評既刊

仕事がもっとうまくいく！書き添える言葉300

むらかみかずこ

依頼、お詫び、抗議などの用途別に仕事をスムーズに運ぶひと言メッセージの文例とフレーズを紹介。マネするだけで簡単に書けます！

仕事がもっとうまくいく！ものの言い方300

むらかみかずこ

ビジネスで困ったときに役立つフレーズを、シーン別に紹介。言いにくいことを伝えるための、とっておきの言い方、教えます！

仕事がもっとうまくいく！たった3行のシンプル手紙術

むらかみかずこ

送付状やお礼から、書きにくいお断り、お詫びの手紙まで。ビジネスで活用できる、たった3行の言葉で相手の心を動かすテクが満載の一冊。

カンブリア宮殿 村上龍×経済人 社長の金言

村上 龍
テレビ東京報道局＝編

人気番組『カンブリア宮殿』から68人の社長の「金言」を一冊に。作家・村上龍が、名経営者の成功の秘訣や人間的魅力に迫る。

カンブリア宮殿 村上龍×経済人 社長の金言2

村上 龍
テレビ東京報道局＝編

ベストセラー、『カンブリア宮殿 社長の金言』第2弾。今回は経営者に加え、各界で活躍する著名人の成功哲学をも厳選して紹介。